曼

风华里的寂寞烟云

陈琅语 著

天津出版传媒集团
百花文艺出版社 天津人民出版社

图书在版编目（CIP）数据

陆小曼：绝世风华里的寂寞烟云 / 陈琅语著．—
天津：百花文艺出版社：天津人民出版社，2019.5
ISBN 978-7-5306-7681-3

Ⅰ．①陆…　Ⅱ．①陈…　Ⅲ．①陆小曼（1903-1965）
—传记 Ⅳ．① K825.6

中国版本图书馆 CIP 数据核字（2019）第 024415 号

陆小曼：绝世风华里的寂寞烟云
LUXIAOMAN：JUESHIFENGHUA LIDE JIMOYANYUN

责任编辑：魏　青
封面设计：一个人・设计
出版发行：百花文艺出版社
地址：天津市和平区西康路35号康岳大厦　　**邮编：**300051
电话传真：+86-22-23332651（发行部）
+86-22-23332656（总编室）
+86-22-23332478（邮购部）
主页：http://www. baihuawenyi. com
印刷：北京溢漾印刷有限公司
开本：880mm × 1230mm　1/32
字数：210千字
印张：8.5
插页：0
印次：2019年5月第1版印刷
版次：2019年5月第1版
定价：39.80元

如有印装质量问题，请与北京溢漾印刷有限公司联系调换
地址：北京市怀柔区桥梓镇前茶坞村南甲18号
电话：（010）51041067 邮编：101402

前言

Preface

前尘往事几多休？人生如戏，戏如人生。陆小曼的一生如流星，从光芒璀璨到流光乍现，再到最后消弭于尘世。

她是一个本该赢在起跑线的富贵之家的女儿，她是一个国色天香善于交际的名媛，她是一个颇具才情的画家，她是一个被三个男人至爱、被无数男人观望的美娇娘，但同时，她也是一个一生无子女、终生病缠身、半生嗜鸦片、依赖男人无法独立的可怜女人。她的一生，称得上传奇，也颇为跌宕，但最终不过是弱女子略带悲情基调的一生。

嫁给父母之命、媒妁之言，她挣扎过，但那一丝丝挣扎敌不过她二十年来所受的传统思想的浸染，徐志摩的出现让她明白了什么是真爱，她开始反抗，想要涅槃，那一刻的她，想必十分畅快，即便万人谩骂，终抵不过爱人和自己的相伴相知。

人人都道真爱好，婚后才知常争吵。原来，夫妻之间除了浪漫，更多的是柴米油盐。小曼嫁给了真爱志摩，可生活哪是你我之间就完了，还要顾及双方父母，以及衣食住行。人人都道是小曼的奢靡逼死了志摩，可谁人又知小曼被病痛折磨得有多痛苦？谁人又知志摩的爱慕者、红颜知己有多少？谁人又知作为诗人之妻的小曼受多年俗世浮华的浸染，又岂是短时间能抽身的？她的苦让她显得越发的不着边际，越发的不懂事，越发的挥霍无度，可谁又能说这不是空虚所致？

志摩去了，所有人怨她、恨她、怪她，可她又怪过谁？她开始收起半世浮华，一身素衣，把自己关入院门之内，供志摩遗像于房内，每日奉一朵鲜花，专心整理志摩生前的作品。鲜有人支持她，却是磨难重重，只是她一直没有放弃过。

翁瑞午知她、懂她、惯着她，她不爱他，却也需要人照料，便同他相依为命。翁瑞午不是什么正人君子，却愿意为小曼倾家荡产，床前奉水，对她的照顾无微不至。前夫王庚虽只与她做了短暂的夫妻，却从未说过她半个“不”字，甚至在志摩死后曾打算和她复婚，但是她拒绝了，她不爱王庚，耽误他一次，怎么能再耽误他一生？

三个深爱她的男人先后去世，留下她孤寂一人，病弱残躯，鲜有人问津。她这一生，有过响亮的名声、大好的前程、绘画的天赋，可就是没有一颗坚韧、独立的心。她需要被爱，在被爱中长大、到老，事实上，她也算做到了。

真是：陆家有娇女，口含金汤匙，半世浮华，一朝梦醒，终是空空空。陆小曼的一生似梦境一般，大起大落。她是一朵娇花，更是一朵真花，有娇艳，自然就有凋落。

谨以此书，献给想了解陆小曼一生爱恨情仇故事的读者。

目 录

Contents

第四章　志摩：冥冥中自有牵引

第五章　乱世灵犀：在万千人中与你同舟共济

第六章　围城怨：不一样的理想与现实

第七章　芥蒂渐生：空穴来风的猜测

第八章　噩耗！失去方知珍重

第九章　忏悔：我已返迷途，君在黄泉路

第十章　余生：你放心，我会好好活着

第十一章　红颜尘土：是非难述，带走这一世爱恨情仇

第一章

玉叶金柯：带着骄傲降落红尘

1. 家族与背景

江苏常州的樟村现属丁堰镇，是一个大的村落。樟村陆氏共分十大支派（修谱于1920年），陆小曼的家属于其中“北园村派”。“北园村派”是在明末清初时第七十一世陆万钰由樟村迁居到常州城东门外北园村蕃衍而成。北园村原址紧临天宁寺，在现在的红梅公园内，1959年红梅公园扩建时，已被拆迁。

樟村陆氏宗祠始建于何时已无从考证，但是老一辈的人记得祠堂的院子里曾经有一棵参天古银杏树，四五个人才能将它合抱起来，十几里外就能遥望得到，估计此树已有百年甚至千年树龄。19世纪，陆氏宗祠曾在咸丰战乱中被毁坏，到了同治年间，族中人开始重建宗祠，百余年后，宗祠再次落败，几近倾塌，2004年，陆氏后人重修宗祠，修复之后的陆氏宗祠虽然只剩下原来的三分之一，但仍然保留下了很多的古旧物件。门楼上“陆氏宗祠”四块阳文砖雕，此乃前清旧物，几近完好；宗祠内的门磴、阶沿、石础、梁柱多为旧祠原物；长窗短牖虽然是后来配齐的，可仍然古香古色，与祠堂内的设施十分相配。

陆家是个大姓。民国时期，北洋政府总统黎元洪曾为一个叫陆荣昌的人亲笔题写匾额："饥溺为怀。"《孟子·离娄下》云："禹思天下有溺者，由己溺之也。稷思天下有饥者，由己饥之也。是以如是其急也。"太平天王洪秀全《谕苏省及所属郡县四民诏》："爷哥朕幼坐天京，救民涂炭拯民生，民有饥溺朕饥溺，恫瘝在抱秉至情。"其实就是在赞美佛家的无缘大慈，同体大悲。

陆荣昌在晚清时任朝议大夫，太平天国运动时，举家搬迁，最后在上海落户，慷慨解囊，救民众于水火之中。他去世十年，清誉如新，得黎元洪赐题匾额。他，就是陆小曼的祖父。

陆小曼的祖父陆荣昌是樟村陆氏北园村派第七十八世孙，小曼的父亲在宗谱上名"子福"。陆小曼谱载"待字"，修谱那一年陆小曼年仅十八，那时的陆小曼尚未出嫁，还在憧憬着爱情，也还未遇见影响了她一生的那个人。

陆子福，字厚生，又字静安，官名定，号健三。正妻徐氏（武进鉴渊公长女），后又配吴氏（武进中丞耔禾公长女）。因他少时的发奋努力与天生的资质，逢考必中，所以家中长辈为他改名为定。陆定善山水，喜着青绿色，著有《啸雪庵集》《图绘宝鉴续纂》，是晚清的举人，邑庠生，即补知县，度支部员外郎，资政院一等秘书，二等嘉禾章，财政部参事，赋税司会办。早期在日本早稻田大学就读，是名相伊藤博文的得意弟子，与曹汝霖、费保廉等人都有非常好的关系。日本留学期间，参加了孙中山先生的同盟会，在袁世凯任大总统的民国年初，曾下令逮捕陆定与许多其他同盟会会员，其中共十三名会员被杀害。陆定被曹汝霖、张一麐等人营救而幸免于难。

陆定是国民党，也是中华储蓄银行的主要创始人。国民党南京政府成立后，陆定经同乡翰林汪洵之的推荐入度支部就职，这一待就是二十多年。陆定的晚年境遇不佳，本对陆小曼的二次婚姻非常不看好，在与陆小曼、徐志摩定居上海后，日渐消瘦，加之本身就患有糖尿病，于 1930 年因病逝世，享年仅 57 岁，葬于宝山县江湾镇。

吴曼华，小名梅寿，出身名门，多才多艺，有深厚的古文底蕴，更擅长工笔丹青，是陆子福的第二任妻子，也是当时少有的知书识理的女性。本是常州白马三司徒中丞第吴耔禾的长女，上祖吴光悦，曾任清代江西巡抚。

显赫的家族背景让吴曼华的一生小心翼翼，从《曼华女士小史》这本资料里发现，她的家人籁六山房主人曾经评价过她说 :“生而韶秀曼丽，且聪慧绝伦，妙解音律，笙笛皆其所长，兼工棋，诗词清丽可诵。”

嫁给陆子福之后，先后生育了九个子女，其余八个均不幸早夭，对此陆家父母十分痛心，只有排行第五的陆小曼幸存，其中曼字就是取自母亲的名字。由于陆子福与吴曼华得子不易，所以视陆小曼为掌上明珠。本着望子成龙望女成凤，所以从小对陆小曼十分看重。

2. 冰雪聪明的少女

回往前尘，提及旧事，诉不尽人间百味，解不开愁情离殇。只是那百媚千娇，让人回味，引人伤心！

陆小曼，民国时期芬芳的红颜，灿烂明媚的女子，她笑靥如花，芳名流传至今，她的美丽笑靥中沉淀着动人的传奇人生。老上海的繁华和颓唐述不尽陈年往昔，却时时盼着新艳的故事。

陆小曼出生在十里洋场的上海，是大城市的姑娘。优裕的家庭条件让她受到了那个时代最好的教育，出生在这样有钱有势的家庭，父母又是中年得女，可以说是把小曼快要宠上天了。

小曼幼时在上海的幼稚园度过，因为机灵漂亮，非常招人喜欢。6 岁那年随母亲从上海到北京，与父亲一起生活，父母视其为掌上明珠。

繁华的上海和老城北京有着很大的不同，她非常喜欢这座古城，喜欢古老的城墙，如同千年的智者述说着隐隐尘世，像悠长婉转的曼妙女子灵灵弱弱的音长。

陆小曼的母亲吴曼华对小曼十分严厉，她按照上流社会对淑女的要求教育陆小曼，既要求她严守礼教，又让她学习上流社会女子应该具备的礼仪知识。陆小曼自幼所受的教育和后来的发展都是朝着贵妇、名媛的标准按部就班地进行的，她不像林徽因那样，被教育成做个改造社会的职业女性。两人最初的出发点不同，所以她们之间有着本质上的区别。前者消极应世，贪图享乐，玩世不恭；后者积极向上，人格独立。虽然陆小曼的行为似乎比林徽因更激进、更果敢，可那只限于爱情，她从不关心社会，只关心自己。

在母亲的悉心教导下，陆小曼多才多艺，她善工笔画，而且有着深厚的古文基础，既是一代才女，又是一代名媛。陆小曼的母亲教育她遵守礼教，规范行为举止，督促她学习，亲自教她画画，也正是由于母亲督教于她，她对母亲还是有几分畏惧的。

母亲不在的时候，也有小朋友偷偷趴到窗前引她出去玩耍，伶俐的小曼一个会意的眼神，支开仆人逃之夭夭，惹得仆人们追着她的脚步四处奔走。但是没过多久，小曼就开始痴迷于诗词灵动，陶醉在丹青的静美之中。

陆小曼从小就非常机灵。民国初期，袁世凯专政，当时受波及的人很多，每个人都活得小心翼翼的。陆定每天都带着党章去上班，一天，父亲刚想去上班，陆小曼却对父亲说：证章证件不要带在身边，今天还是取出藏起来好。果不其然，陆定刚到部里，就受到了检查，被带到警厅软禁起来。当晚，大批警察包围陆家，他们开始对陆小曼进行审问，原以为可以从孩子的口中套出真话，哪知陆小曼却不慌不忙，在淡定自如的对话中救出了父亲。

当时警察问陆小曼："你爸爸的书信都藏在何处？"陆小曼回答："爸爸的书信、公文都放在办公室。"警察又问："私人信件呢？"陆小曼反问道："不是都被你们翻出来了吗？"警察吃了瘪，不再继续追问，没过多久，陆定就被保释出来。当时的陆小曼只有九岁，已经有了忧患意识。从那之后，父母更加珍视这个孩子，觉得她冰雪聪明，是全家人的福星。

陆小曼在最好的学校受教育。7 岁的时候进入北京女子师范大学附属小学读书，9～14 岁的时候就读于北京女中。

老北京的北长街上有个 161 中学，它的前身是建于 1913 年的北京女一中，已有近百年的历史。最初创建之时，这所学校的课程表就有国文、日文、英文、数学、物理、化学、体操、生物、劳动、图画、音乐、修身、历史、地理、国术等，真正做到了中西结合、知识全面。陆小曼就是在这种环境和氛围下读书的。

儿时的陆小曼很是调皮，常常无法按时完成老师布置的作业。一次，父亲因此事气得暴跳如雷，狠狠打了她一顿，从那之后她才逐渐懂事起来，认真读书。

任何事物都有其两面性，生在富贵之家，是陆小曼的幸，也是她的不幸。显赫的家境，叱咤商场与政界的父亲，出身良好的陆小曼自带优越感、荣耀感，她充满了自信。

在父母给她创造的良好的教育环境和生活环境下，她变得骄奢任性、清高自负。儿时和小伙伴们玩耍，有玩伴丢下她，她就会有一种被抛弃、被轻视、被愚弄的感觉，自尊心受到伤害，很长时间都无法摆脱这种情绪。类似的事情让她很难与人推心置腹、和睦相处，变得更加任性、骄纵，让人觉得高不可攀。

其实，做父母的除了要给孩子创造良好的物质条件，更要开阔女孩的见识和视野，帮助她树立远大的理想。陆小曼虽然有倾国倾城之貌，才华横溢，却没有什么人生理想，甚至一生都未独立过，这也可以说是她这一生的遗憾和悲情基调。

陆小曼的父母给了她他们所期望的一切，只是忘记了赋予她独立的性格。陆小曼的父亲在外做官，母亲吴曼华手把手教陆小曼作为名媛的言谈举止和内涵方面该具备的特质。站立行走的时候亭亭玉立，回眸一笑百媚生，谈吐得当，举止大方。以至于后来人们提到陆小曼的时候无不赞扬她的一颦一笑、一举一动别具风韵，都夸赞她说话聪明、好学、有才情。除了外在培养，吴曼华还非常注意女儿的内在培养，亲自教授她丹青笔墨、古文诗书，才使她有如兰的气质，沁人心脾。

小曼的成长似乎冥冥之中超乎寻常的顺畅，每次上天有意眷顾一个人时，都会赋予她一段传奇，一段不可思议的故事，让她的生命青藤爬满墙头，留给后人回味。

第二章

艳压群芳：静如花映水，动似柳拂风

1. 校园里的“第一美人”

人生如戏，自被抛入红尘，便要接受红尘洗礼，狠经一番打磨，经历诸多人和事，才能成就自己。每个人都在自己的人生道路中寻找那个属于自己的点，到最后却发现，我们追求的，不过是内心的那一块净土，没有哪个点可以成为永恒。

时光如梭，慢慢老去的，越陈越香的，逐渐成熟的，都在时间里静静地变化着。等发觉的时候已经是物是人非或大放异彩。女子都是这样蜕变的，在不知不觉中长成一朵美丽的娇花，最后凋零在时空中，不着痕迹，细细品味，只留下丝丝清香。

女人如娇花，再艳丽也短暂，能够留住的只有记忆。小曼如同一抹红霞，那么耀眼，一眼万年，收藏于心中。有她出现的地方，关于美丽的记忆便留存下来，夕阳下，忆当年，曾经有这样一个女子，如同朝霞一样走进自己的生命，又不留痕迹地离开了……

午后的黄昏，躺在长藤椅上，烧一壶热水，品一杯香茗，听一首梵音，望着庭院中的繁花绿景，叹一声“美人如花开”。

民国初年，禁锢女性数千年的封建枷锁渐渐被松动，“女子无才便是德”的腐朽言论被推翻。很多上流社会的高官富商已经预见这一趋势，纷纷将自己的子女送到外国人办的贵族学校里读书。

陆定也决定将自己的宝贝女儿送到类似的学校里。那年，陆小曼才 15 岁，正是一朵含苞待放的娇花，就被父亲送入法国人办的北京圣心学堂学习。

圣心学堂由基督教会创办，是中国最早的由基督教教会创办的女子学校，它的教规非常严格，而且开办了英语、体育、钢琴、油画等现代课程，颠覆了中国传统女性的教育范畴。

北京圣心学堂的学费高昂，并非普通人家的孩子上得起的，多半是北京军政界部长级别的小姐才进得去。曹汝霖的女儿当年也在圣心学堂读书。

入学之后，女孩们会取时髦的英文名字，说着一口流利的英语，而且有非常优雅的举止和良好的社交能力，这些都是为日后女孩们嫁得好做准备。

北京是个大城市，更是一座拥有着悠久历史的城市，民国初年经历的时代变化和革新呈现出了严重的两极分化态势。上流社会的人开始逐渐接触、学习外国文化，尤其是女子，逐渐走出“三从四德”的文化思想的禁固。这些女孩不用再像过去那样被锁入深闺，终日绣花。她们有机会接触时代前沿的文化，有机会学习英文、法文、钢琴、油画；有机会接触不同思想、教养良好的年轻人。

陆定为了将女儿培养成出类拔萃的名媛，不惜重金。当时北京政界部长一类的小姐有很多在圣心学堂读书，陆定想让自己的女儿受到和她们一样的良好教育。陆小曼的很多要好的姐妹都在圣心学堂读书，所以她在这里度过的时光还是很愉快的。

陆小曼性格外向、活泼，她非常喜欢这个外国人办的学校，在这里，她可以充分展示自己的天性。她的聪明、活泼、机灵、善于表达吸引了很多年轻的小伙子，他们对她唯命是从，她却趾高气昂，一副高高在上的公主姿态。每个女孩都有属于自己的花季，懵懂、感伤、热烈，可小曼似乎没有，太多的人把她捧在手里，宠她、惯她，所以不是极端的宠，她几乎无法感知。

16 岁的陆小曼成绩优异，很招人喜欢，生性活泼，这个学校就是她的快乐殿堂，也是她施展才华的地方。她精通英文、法文。她能弹钢琴，擅长画油画。曾经有个外国贵宾来到圣心学堂参观，当他走到学生作品陈列的长廊时，突然被一幅山水油画吸引了。

这位外国贵宾看到眼前的画作如同邂逅老友一般，这幅画作的气韵、格调、底蕴、色调，形神兼备，给人一种“山为德、水为性”的感觉，西方人是很难理解数千年中国绘画文化的历史的。那幅画深深打动了外国贵宾的心，他激动地问陪同人员："这幅作品是你们学校的学生画的吗？太不可思议了。"陪同人员回答道："是的，还有很多不足之处，希望您予以指正。"外国贵宾笑着摇了摇头，说道："这样的画，我怎么好意思指出错误呢？笔力苍劲，上色明暗得体，非常好。"接着又赞叹道，"这幅画属于西式油画，却到处彰显着中式风范和意境，没想到竟是出自一位学生之手，实属难得。"随后，外国贵宾提出恳求，希望可以收藏这幅画。

得知外国贵宾对这幅画大加赞扬，陪同人员很高兴，立刻把这件事反映给校长，校长看到自己学生的作品得到了这样的认可，非常自豪，当然愿意成人之美。可外国贵宾坚持付200法郎的报酬，校长拒绝，但最终盛情难却。这幅画作就是出自陆小曼之手，也正是因此，让她成为圣心学堂最出色的中国女孩，一时间名声大噪。

在圣心学堂，她的光环无处不在。在她的身上，既有上海女孩的聪明机灵，又有北京女孩的端庄贤惠。一时间，她成为学堂里最受欢迎的女学生，那些外国人都称她是"东方美人"。中国的男学生们称她是"校园皇后"，她那校园"第一美人"的名头算是名副其实。

每当陆小曼到剧院看戏或逛公园的时候，人们就会看到一个林黛玉般羸弱的女子走进人们的视野。她眉目如画，身形单薄，娴静淡雅，唇红齿白，让人一见便难以挪开眼球。

2. 文墨熏染下的丽人

庭院幽静，院子里，一道倩影静静地映照在梧桐树下。那银铃般的读书声，在院子里回荡着。池塘里的鱼儿吐着一连串的泡泡，蝴蝶在花丛间翩翩起舞，蜻蜓不时地在水面上探着小脑袋，亲吻着平静的湖面。鸟儿在枝头唱着欢快的乐曲。在如此静谧的美景之中寄情山水，岂不逍遥？

李清照的《如梦令》：“常记溪亭日暮，沉醉不知归路。兴尽晚回舟，误入藕花深处。争渡，争渡，惊起一滩鸥鹭。”千古佳作，流传至今。

著名女词人李清照出身书香门第，她的父亲热爱诗词，母亲是状元的孙女，知书达理，才思敏捷。李清照的一生前后世差距颇大。小曼和李清照虽然相隔好几个世纪，可她们却拥有很多相似之处。她们都是容貌上乘、颇具才情的女子，同样拥有着让人心酸的经历。

古代才女蔡文姬、李清照、柳如是、上官婉儿，无一不是名垂青史、受后世大加赞赏的才女。她们的诗词流传至今，似乎应了那句话，“自古红颜多薄命”，她们的命运似乎充满了曲折和磨难。

才女的命运似乎总是那么坎坷，不禁让人惋惜。女子的诗词大都清新婉约，总是触动着人内心最柔软的部分，它们或柔情蜜意，或相思成灾，或愁肠流露，或黯然伤怀。万花丛中一点绿，不同的风格，不同视角的情感，总让人产生一种焕然一新的感觉，倍感难得。小曼读着这些流传千百年的佳句，感受着她们内心的百转柔肠，悲欢离合。

书是一种神奇的东西，更是一种精神的寄托，人们经常说知书明理，多读书不但可以提高一个人的文学素养，更能教给一个人诸多道理。把古人总结的经验、教训装在自己心里，目的是更好地生活，不再重复古人曾经犯下的错误。

父母希望将小曼培养成名媛，让小曼饱读诗书，增长见识，做个不普通的女子，做个值得骄傲的女儿。

当历史的车轮碾过，一切都将不复存在。我们能抓住的，只有现在这一刻，未来无法预知，历史也不能重来。那些千古留名的人，是那么让人羡慕。小曼欣赏那些已经逝去的才女们，虽然她们早已香消玉殒，魂归故里。可是每当小曼看到书上的句子时，总是深深被她们的佳作所吸引，静静陶醉在她们所描述的画面之中。

中华文化五千年，多少文人骚客留下辉煌的篇章，中国文化是那样的璀璨。文人在学素养的同时，还领悟了很多人生道理。把古人总结的经验、教训装在心里，目的是为了更好地生活，不再重复古人曾经犯过的错误。

人生虽然不过短短数十载，但是她们所留下的诗词歌赋却代代流传下来。一首好诗，是一个意境，一段故事，一声轻叹，将每个懂她的人定格在某个时间里细细回味……

踏上人生的旅程，总会出现一个又一个不同的阶段。当你迈出一只脚想要向前时，就再也回不到上一个路口，找不到之前的感觉了。小曼选择了一条光明大道，她想要成为可以被历史铭记的奇女子。

小曼生活的那个年代，中国的大部分人还秉承着“女子无才便是德”的信条。在古代，有才情的女子岂是寥寥？她们的诗词更是万古流芳，可那个年代，女子是何其卑微？命运总是和这样的女子开玩笑。痛苦和折磨伴随着她们，她们想挣扎，却挣脱不了。在那个年代，有才华就是女子的罪过，无知的女子才算得上贤良淑德，才不会受人指责和诟病。别院深闺，针织女红才是女子该过的生活。循规蹈矩，三纲五常，遵守俗礼，才能避免被世俗之剑所伤。民国时期，风雨飘摇，上流社会仍然那么安逸。名门闺秀在受到中国文化熏陶的同时，也逐渐接受西方文化的熏陶。

小曼和过去的才女已经有着本质的不同，她不仅精通钢琴、擅作油画，更崇尚西方自由的思想，希望可以按照自己的意愿去生活。她的内心，早已种下反抗旧社会风气、为自己而活的种子。

优美的旋律，欢快的节奏不但给小曼带来了美的享受，更对她进行了灵魂的洗礼。养尊处优，西式教育，娇惯任性是名媛的天性，但正是因为她们生活在那个年代，她们也是悲哀的。如同理想和现实之间的落差，怀揣美丽的梦想，如同误入凡尘的孤星，只能将内心的火焰和寂寞轻轻埋葬。

自幼的娇生惯养让小曼不愿意按照别人的意愿去活，她不拘于世俗，尽情地释放着自己的内心，奔向自己想过的生活。在女儿柔情的世界里，太多的诱惑和困扰让她挣扎过，而她，最终选择了跟随自己的内心。

很多人都说她太过分了，太过随心所欲，埋怨她任性、蛮横、自私，可她似乎全然不在意，成长给了她痛，更给了她一次次的蜕变。成长的点滴一直在影响她日后的抉择。生活总会给人太多的选择，表面上炫目的生活却暗藏着折磨，总是有那么多的无法预料，谁都不知道向前踏出一步之后，迎接你的会是什么。也许是光明无限，也许是万丈深渊。那种与生俱来的优越感一直伴随着她前行，让她无所畏惧！

3. 社交场上的机智翻译官

其实从现代人的审美观来看，陆小曼算不上特别美，但在民国时期，她却算得上是风姿绰约，是多少男人的梦中情人了。陆小曼可以说既是美人，又是才女，她就像一只耀眼的花蝴蝶，飞到哪儿，就会惊艳哪儿。

似乎幸运女神总是光顾这个本就集万千宠爱于一身的女孩。她在圣心学堂读书的时候，北洋政府外交总长顾维钧需要一名精通英、法两国语言、德才兼备的女孩从事接待外国使节的工作，一时间，他的部下犯了难。

偌大的北平，找个漂亮女孩容易，可是找个精通英、法两国语言的女子就有些难度了。只好把范围定在了北京颇具规模的西式学堂里。外交总长的下属最先来到圣心学堂，找到校长说明了来意，校长开始进行全校范围的征集。突然，下属们看到了陆小曼的履历，非常高兴，直接把陆小曼举荐上去，总长顾维钧对这个才貌双全的女学生也非常满意。

这可把陆定夫妇高兴坏了，他们觉得这是个非常好的锻炼女儿的机会。就这样，年仅 18 岁的陆小曼经常被邀请去接待外宾、参加舞会，而且担任随行翻译。她时而落落大方，时而风情万种；时而高贵典雅，时而风姿绰约。没过多久，她的芳名就响彻了北京城。

陆小曼是个聪慧、机警的女孩子，而且具有一颗炽热的爱国心。当时中国国力颓废，列强不断入侵，常有外国人出言不逊，对祖国不敬，陆小曼虽然只是个弱女子，可她却用自己的智慧和圆滑将对方说得哑口无言或心悦诚服。

陪同外宾看文艺表演的时候，有个外国人看不懂京剧，出言不逊："这么糟糕的东西，咿咿呀呀不知道唱的什么意思，还敢放到舞台上表演！"陆小曼心中虽然愤懑，但却面带礼节性的微笑，回敬道："这些都是我们国家特色的节目，只是你们看不懂而已。就好像普通的中国人欣赏不了法国歌剧《茶花女》那样，建议你们多了解中国文化的博大精深，也就自然知道戏曲的精妙之处了。"可能是感受到了陆小曼话语中的怒意，又或是意识到自己言辞上的不当，外宾开始面带歉意地看着陆小曼，继续观看表演，体会中国戏曲中的文化底蕴。

在社交的过程中，陆小曼不卑不亢，用自己独特的魅力吸引众人的眼球，她则放肆地展露着自己身上的光芒。三年的外交翻译生涯让陆小曼的人生起点高了同龄人一筹。虽然在很多人眼中她的年龄还太小，但她在工作中表露出的机智幽默却维护了国家的尊严。

一次，法国霞飞将军在检阅中国仪仗队时，发现仪仗队动作不整齐，便奚落道："你们中国的练兵方法大概和世界各国都不同吧。"陆小曼只感觉自己的心被人狠狠戳了一下，她羞愧难当，可又不甘心认可对方的奚落："没什么不同，只是因为你是当今世界的英雄，大家看到你不由得激动，所以动作没法整齐。"陆小曼机智的回答让霞飞将军不再纠结于仪仗队步伐的不整齐，而是很高兴中国人竟然这么欢迎自己，从那之后，法国霞飞将军对中国的好感度倍增。

还有一次，在一个重要节日的宴会上，前来与会的都是身份地位很高的人物以及他们的孩子。宴会很热闹，没人去约束这些孩子，所以他们便在宴会场上嬉戏打闹起来。正当孩子们兴致冲冲地拿着气球玩的时候，有的外国人却借着酒劲去点中国儿童的气球，气球的炸响吓得孩子们大哭起来，搞恶作剧的外国人却戏谑道："中国的孩子都这么胆小，还真是和他们那句'无头鼠辈'的成语相得益彰。"说完便开始捧腹大笑。

正在喝酒的中国家长们看到这个场景，非常气愤，但是在这种场合下，他们必须以大局为重。平时在家里，孩子是他们的掌上明珠，可是现在，却只能碍于面子强忍着不作声。陆小曼对外国人的行为很是气愤，其实刚才气球爆炸的时候，那些外国孩子也被吓得够呛，甚至直接钻到了妈妈的衣裙下面。那么大的声音，孩子怎么可能不恐惧呢。陆小曼笑着回敬了外国人一句："看，你们外国的孩子，胆子也不怎么大吗！”

这下，轮到那些嘲笑中国孩子的外国人目瞪口呆了。他们自知理亏，硬生生把到嘴边的话咽了下去。中国的父母都暗暗感激陆小曼，陆小曼却好像什么都没发生过，继续玩自己的。

陆小曼在工作中出色的表现得到了周围人的赞许。就连顾维钧部长也曾说过：“陆健三的面孔，一点儿也不聪明，可他的女儿陆小曼小姐却那么漂亮、聪明。”陆定听到部长对自己女儿的肯定，心里别提多高兴了。

4. 社交舞会上的焦点

陆小曼虽然姿容姣美，经常出现在社交场合，可并不是人们想象中的那样是个喜欢浓妆艳抹的妖艳女子。她打扮得雅致素净，留着短短的齐耳直发，随便梳在耳后，和女学生没什么两样。

她是那样的清新淡雅，犹如“出淤泥而不染，濯清涟而不妖”的芙蕖。胡适曾赞扬陆小曼是“一道不可不看的风景”，郁达夫赞誉她是“一位曾震动20世纪20年代中国文艺界的普罗米修斯”，诗人徐志摩则诗意氤氲——“她一双眼睛也在说话，眼光里漾起心泉的秘密”。刘海粟回忆自己第一次看到陆小曼的情景：当时从天津乘船来上海，闲来无事逛到甲板上看海景，正好陆小曼也在凝眸远眺。此时，在茫茫大海上，这位女子站在甲板上，衣袂长发随风飞舞。刘海粟当时就惊呆了，他不知道该用什么样的文字来形容她的美丽，不知道用什么样的画笔去勾勒这个美人，简直是惊为天人。良久，他才缓过神来，对身边的朋友说出这几句话：“从各个角度来看，只觉得她的风度姿态无一不合美的尺度，如作写生画，全是可取而难得的材料，惜乎没带画具，想来只有‘衣薄临醒玉艳寒’七字略可形容一二了。”

陆小曼的干女儿何灵琰是这样描述她的容貌的：“她是一张瓜子脸，秀秀气气的五官中，以一双眼睛最美，并不大，但是笑起来弯弯的……她很少用化妆品，但她皮肤莹白，只稍稍扑一点粉，便觉光艳照人。她一举一动，一颦一笑，都别具风韵，说出话来又聪明又好听，到现在为止还没有再见到一个女人有干娘的风情才调。”

她就餐坐姿不怎么端正，可在她干女儿的眼中却如病西子那般别具风韵：“干娘有胃气痛的毛病，所以养成一只脚踏在椅子上抱膝吃饭的习惯。这当然不是一种好习惯，也显得没有礼貌，但是干娘娇怯怯的好像西子捧心，别有一种风韵。”

只要是有陆小曼出席的晚宴或聚会，她就会成为万众瞩目的焦点。圣心学堂就像是她的专属舞台。在北京社交界的熏染之下，再加上她的聪明伶俐和极高的天赋，陆小曼早已超越了传统的大家闺秀，已然形成独特的风格和意识。通过几年外交翻译生涯的磨练与塑造，陆小曼终于从璞玉被雕琢成了珍宝。

舞会上少了她，几乎所有人都会觉得很失望。只要她一出现，男人为之倾倒，女人视其为效仿的对象。她已经不再是校园里那个高傲的公主，见过上流社会大场面的她已经有些圆滑世故，明白什么时候要热情，什么时候要冷淡，什么时候要拒绝，交际场上的潜规则她早已了然于心。

社交场合成了陆小曼日常生活中必不可少的内容。她常常和那些年轻、彬彬有礼的男士一起跳舞，也常常受到众人追捧、簇拥，她非常享受这样的精彩生活。她那优美娴熟的舞姿，既吸引人眼球，又让人自惭形秽，她精力充沛，常常在舞池中舞到忘我的境界。

在时而轻柔时而热烈的音乐声中不断摇曳。乐队的奏鸣，七彩的光线、浮动的暗香、俊男美女、奢华的衣饰，都让她陶醉其中。活跃在政坛的父亲为她提供良好的家庭出身、雄厚的资金后盾，以及让人望其项背的舞台和空间，可以说成为名媛所要具备的条件她都具备了。此时的陆小曼高高在上、不可一世。刚满 20 岁的陆小曼已经有了“南唐北陆”的盛赞。

外交翻译的生活把陆小曼打造成了社交界的明星，她本人也喜欢热闹、刺激的生活，喜欢这种众星捧月般的感觉。

“前脚未出闺阁内，名声已到华堂前”这首打油诗最初是贬义之意，是苏轼嘲笑苏小妹：“前脚未出闺房内，额头已到华堂前。”苏小妹不甘示弱，反唇相讥：“去年一点相思泪，今年始流到嘴边。”但是对于绝代红颜陆小曼而言，她也是“前脚未出闺阁内”，但不是“额头”，而是“名声已到华堂前”。

连陆小曼自己都没发觉，家中的访客开始络绎不绝，那些青年才俊、达官显贵经常出入门庭。一开始她还能恭敬相迎，但是没过多久，她就厌倦了这种无休止的客套应酬，开始躲入闺阁，醉心于诗书。

第三章

宿命：无奈的错相逢

1. 轰动京城的婚嫁

陆小曼19岁时，很多世家子弟、达官显贵便开始上门提亲，但是对于陆定和吴曼华来说，自己的掌上明珠怎么能轻易许给别人，经过千挑万选，都未能找出一个称心如意的。

此时的陆小曼对于爱情其实还很懵懂，她无所谓自己将来要嫁给谁，一切交由父母做主。王庚比陆小曼大八岁，江苏无锡人，出身官宦家庭，和陆小曼算得上门当户对，只不过到了王庚这一代，家道中落。

王庚从小就是个安稳懂事的孩子，没有丝毫纨绔的性子，一心想要复兴门楣，所以他一直在发奋读书，中学的时候就读于清华大学，后来就读于密西根大学、哥伦比亚大学、普林斯顿大学，获得普林斯顿大学学士学位，后转入西点军校攻读军事，成为陆军少尉。王庚回国的时候，中国各路军阀正值混战期，一时间，学识渊博的王庚受到各方势力的青睐，都想将其纳入自己的麾下。王庚也成了名门望族理想中的佳婿。

而王庚呢，他是个有野心的人，但无奈家道中落，此时的他需要一位中西融通、娘家财力雄厚、社交网络广播的太太帮助自己开拓视野。而名媛陆小曼需要的是一个能带给自己富足生活的丈夫，这桩利益均等的婚姻其实是水到渠成的。

经小曼的寄父母唐在礼夫妇介绍，王庚前来议婚。吴曼华对眼前这个气宇轩昂、谈吐不凡的年轻后生非常满意，立刻商量结婚事宜。从订婚到结婚还不足一个月的时间。

在吴曼华看来，王庚现在虽然没什么钱，但日后必定有大作为。结婚的费用都是陆家出的。地点是金鱼胡同的海军联欢社，排场之大轰动了京师。前来参加这场婚礼的女傧相就有九位，有曹汝霖的女儿、章宗祥的女儿、叶恭绰的女儿、赵椿年的女儿和几位英国小姐。

那天，海军联欢社大门都快被挤爆了，中外来宾数百人，可以说是场面十足。虽然是受父母之命，可小曼自己也是应允了的。对于王庚，这个看起来十分完美的男人，她实在想不出什么理由去拒绝，可内心之中又似乎有些怅惘，两人相识的时间太短了，连对方的脾气秉性都没摸清楚，那种陌生感让她很不踏实。

如果此时的陆小曼还是三从四德的旧式女人，肯定能心安理得地接受长辈们的安排，觉得一切都无可厚非。可受了新思想影响的小曼却开始反问自己内心的想法，注重感觉。然而那一点点朦胧的感觉并未让她做出清晰的判断——比如两人先相处一段时间。

在那个时代，很多少女根本不懂什么是“爱情”，小曼处在新旧交替的社会时期，受新思潮的影响让小曼处在觉醒和未觉醒之间。表面上才子佳人的良配，实际上却是互不相知的陌生人。

那些仰慕陆小曼的人开始醋意大发：王庚这是哪辈子修来的福分，可以得到这样的佳人？唉，人家家世好，才貌双全，就这么被他捡了便宜。有人不怀好意地说：“谁知道是福是祸呢，现在说什么都还太早。”祸兮福所倚，福兮祸所伏。没想到这句不经意的话竟然成了真。

也许嫁给王庚这样学识渊博、抱负远大的男人，她只要在背后做贤妻良母就可以了，外交部的工作是不能做了，她不能抛头露面，否则丈夫颜面无存。那个时候，有本事的男人往往喜欢把自己的妻子藏在家里，生儿育女，相夫教子，大门不出，二门不迈，安分守己。可这种日子，是陆小曼想要的吗？

2. 婚后的失和与忍耐

如果说结婚的时候陆小曼并没有太多的想法，那么婚后的枯燥生活就让她有些按耐不住了。父母之命、媒灼之言，容貌登对，门当户对，似乎是天作之合，但性格的不和却让原本应该甜蜜的婚姻痛苦不堪。

结婚时候的大场面和父母为她择的良偶让她的虚荣心得到了极大的满足，但过了蜜月期之后，陆小曼就发现自己过得很不快乐。从前众星捧月的日子没了，更多的是失去自由后的痛苦和对丈夫的失望。

王庚在美国待了很多年，喜欢按西方的工作方式行事，做事一丝不苟。什么时间工作、什么时间娱乐，对自己的要求非常严苛，可以说是个尽职尽责的军官。

每周一到周六是工作时间，绝不娱乐，每天早出晚归，在家里的大部分时间就是看书、吃饭、睡觉，根本不会带着娇妻去游山玩水，而是把她放在家里空守寂寞，他的行为刻板到常人无法容忍的地步。即便到了周末，他也不知道该用什么方式去博妻子欢心。

在陆小曼的心里，王庚就是个榆木疙瘩，不懂半点儿风情。王庚对工作的痴迷胜于美人，他每天坚持早起，平时不喜欢参加聚会。在外人眼中，他就是个好军官、好公民、好男人，几乎每个人对他的印象都非常好。当然了，王庚所做的一切无非是为了自己的仕途，为了自己将来能被提升，为了给妻子更好的生活。可是他忘了，女人是需要陪的。

每天回家之后，他不是去和妻子温存，而是直奔书房，一看书就是几个小时。虽然在他的心里也非常爱陆小曼，可确实更像是哥哥对妹妹的爱，被男人宠坏了的陆小曼渴望拥有一个对自己百般呵护、百依百顺的丈夫，她想要浪漫，可他却是个不懂浪漫的人。

陆小曼越来越觉得憋屈，她需要自由，需要激情，需要放飞自我。夫妻之间性格的差异激发了二人的矛盾，他们之间越来越疏离，越来越冷漠。如果是个传统女人，不过是生生闷气就得了，内心之中还是会因为嫁给了一个进取心这么强的丈夫而感到开心。可陆小曼不是，她接受过西式教育，又涉足交际界多年，习惯了被追捧，懂得什么是快乐和飞扬，让她过笼中鸟一般的生活，她是无论如何都不能忍受的。

她希望丈夫多关心自己，希望他多分点时间陪伴自己，给自己一些呵护，她不想当个被摆在家里的花瓶。陆小曼曾经在自己的日记中这样写道："她们看来夫荣子贵是女子的莫大幸福，个人的喜、乐、哀、怒是不成问题的，所以也难怪她（母亲）不能明了我的苦楚。"

王庚薪酬多，供养得起小曼，他以为这才是一个男人值得自豪的地方，也值得小曼的感激。可小曼并不是个愿意自我牺牲的女人，她自幼生长于富贵的环境，过着锦衣玉食的生活，所以她觉得即便如今生活优渥，也和从前是差不多的，所以她感觉不到有多好。

小曼的自我意识很强，她想做一个新时代的女性。陆小曼的内心很煎熬，没有爱情，没有自由恋爱的权力，所有人都想让她成为一个好妻子，对她指手画脚，却没人关心她需要什么。她的任性，注定了她今后会和这个旧社会发生冲突。

她不管丈夫的脸色有多难看，常常和一群小姐太太们出去吃饭、打牌、跳舞，夜生活十分丰富，她把对王庚的不满尽情地宣泄在交际活动中。她和悠闲的权贵千金、太太们整夜打牌、捧戏子，经常到了天快亮的时候才回家，白天的大部分时间都在睡觉，直到下午起床的时候才梳洗打扮，为夜生活做准备。她对什么都漠不关心，也没有人生目标。

虽然王庚没办法经常在家里陪伴太太，可对她的生活方式、人生态度却无法理解，他常常劝她不要总是夜里出去，不然身体会受不了的，这其中的大部分原因虽然是不愿意自己的妻子抛头露面，但也有关心的因素在里面。每次听到王庚这么说，陆小曼都会大发雷霆。她告诉王庚自己在家里是多么无聊和煎熬，不出去玩如何打发无聊的时间，说到气愤之处还会恶语相讥，时间久了，夫妻之间的感情也淡了。

陆小曼是个要面子的女人，婚姻的不幸她是不愿说与旁人听的，只能借酒消愁。其实她要的不多，只是希望能有一个真心待自己的伴侣，一个安乐的家庭。终日里形单影只，有话没处说，只好在交际场中强颜欢笑。王庚的脾气也是不怎么好的，经常因为一点儿小事和陆小曼发生争吵，结婚不到半年，已经到了水火不相容的地步。

3. 夫妻失和，同床异梦

小曼生性喜欢热闹，却十分害怕孤独。只有置身于人群里，她才才能找到那种属于自己的快乐。她从小受西方教育的熏陶，在外交部任职，早就习惯了被人追捧的生活。笼中的金丝雀虽然惹人怜爱，可那却并不是金丝雀想过的生活。小曼绝对不想成为画中的风景，即使再动人，都显得那么不真实。

在小曼母亲的那个年代，名媛淑女秉承着几千年以来的中国传统，丈夫和孩子是女人一辈子的主题。多少女人的青春都被深宅大院所掩藏。陆小曼曾在日记中写道："她们（母亲）看来夫荣子贵是女子的莫大幸福，个人的喜、乐、哀、怒是不成问题的，所以也难怪她不能明了我的苦楚。"

小曼的内心其实是很苦的，她的性格决定她不甘继续过母亲那样的生活。她无法忍受冷落，孤寂的生活对她而言就是莫大的伤害，会泯灭她的性格和灵动。她接受过西方教育，是新一代的名媛，她想过精彩的生活。在她看来，丈夫、孩子不应该是女人的全部，只有为自己而活，才是真正的人生。那个时代的人对女人的要求就是贤良淑德，全心全意为丈夫和家庭服务，张扬个性是不被世俗容忍的。

小曼的丈夫，王庚，每天都忙着做公务，早出晚归。少年得志的他在上流人士的心目中是个前途无量的青年。能够得到上司和社会名流的认可，与他的勤恳和奋斗密不可分。王庚对自己的要求极为严格，几乎所有的事情都要求泾渭分明，一板一眼。他在别人眼中是个优秀的军官、出色的军人、好男人的典范，可他却并不是小曼心目中的理想丈夫。

王庚的事业正处在上升阶段，他觉得自己已经是出类拔萃的人物，但是他仍然想让自己变得更出色。在他的心里，男人只要有事业，就能让自己的妻子过上更好的生活，她也会满足于此。只是面对陆小曼这样的女人，这样的理论根本就成了谬论。

陆小曼是个个性十足的女人，她是个浪漫、热情而知性的女人，她渴望浪漫情怀，需要风花雪月的陪衬。她和王庚根本就是两个世界的人，她无法理解王庚的雄心壮志，王庚也无法理解她的少女情怀，一切都在慢慢疏远，越来越偏离原来的轨迹。夫妻二人的心朝着不同的方向游走，同床异梦成了小曼内心最大的痛苦。

小曼虽然也曾尝试过缓和他们夫妻之间的隔阂，可她实在意识不到自己的天性。每当她感到寂寞万分时，她都会邀请王庚陪自己去参加聚会，王庚很少同意，总是以工作忙来拒绝她。是啊，他忙，工作对他而言是那么重要，国家大事是那么重要，而她不过是个微不足道的角色。小曼一直都是这样认为的，所以对于这段婚姻，她十分沮丧，甚至开始怀疑自己的婚姻。

而王庚，根本没有感受到自己妻子的忧伤。女人心海底针，对于枕边人的心思，他似乎永远是个局外人。女人的感情如同一堵墙，总是随着自己的心发生倾斜。女人的心思其实是有迹可循的，只是男人们不是太自信就是太大意，常常忽视身边的女人。男人总觉得事业就是一切，是自己华丽外衣，更是留住女人的资本。特别是那个年代的男人，他们很少关心女人在想什么，更不会琢磨女人的情感世界。

小曼已经无法忍受现在的生活了，她的内心开始反抗，她非常憎恨那些束缚女人的封建礼教。她不想、也不会做那种唯唯诺诺、为男人和家庭而活的女人。她早就看透了她母亲那一辈人生活的无聊与无奈。她在日记中写道：“从前多少女子，为了怕人骂，怕人背后批评，甘愿牺牲自己的快乐与身体，怨死闺中，要不然就是终身得了不死不活的病，呻吟到死。这一类的可怜女子，我敢说十个里面有九个是自己明知故犯的，她们可怜，至死不明白是什么害了她们。”

多么真实的宣泄，更是小曼的内心独白。女人不应该承受这么多的不公平，是谁规定女人一定要依附于男人？世世代代的女人都心甘情愿地遵守这些，小曼更是无法理解。怎么没人愿意站出来反抗？小曼总觉得，如果自己继续这样过下去，肯定会生不如死。每天面对这样一个不懂体贴的男人，无聊地生活着，没有尽头直到死亡的那一刻，想到这儿，小曼不禁打了个冷战。

不管她的内心多么痛苦、多么悲伤，她终究是生活在这个社会中，她不知道自己怎么做才能摆脱这一切。她感到自己如同一只被关在笼子里的金丝雀，没有丝毫的办法，只能时不时发出几声悲鸣。没人理会，没人关心，只有越来越强烈的痛苦围绕着她。无法拥有自由，她要怎么去看美丽的天空？

两个人如同陌路，都是那么寂寞，可能王庚也是孤单的。他不知道怎么做才能走进妻子的心，他不知道自己怎么做才能让妻子拥有更多的笑容。他觉得自己只能通过更加努力的工作才能让妻子过上更加优越的生活。他要让自己尽可能满足妻子物质上的挥霍，因为他心里清楚，小曼并不是个懂得节省的女人。

认识徐志摩之前，小曼一直在消极反抗。那些和她命运相同的权贵千金小姐、太太们一起出去吃饭、喝酒、打牌、捧戏子、跳舞、唱戏，过着名媛富足而百无聊赖的生活。不过这也是意料之中的事，她喜欢这样的生活，也属于这样的生活。表面上，一切都似乎和从前一样，但实际上，一切都已经发生了改变。婚前的小曼就一直在毫不掩饰地展示着自己，她是骄傲的公主，她喜欢受人追捧，这样的生活让她满心欢喜。她如此这般放纵自己、消磨时间。也许在她心中，这种奢华迷醉的生活就是心灵的止痛药，能减少疼痛的折磨。

她，渴望爱情，希望丈夫能给自己浪漫的生活。她想拥有自由，想一直过着少女般的生活。这就是她的矛盾，她自己都难以说服自己，更何况是一个只顾事业的男人，又怎能了解她那深邃、细致的心思。

也许小曼的性格根本不适合婚姻，因为婚姻本身就存在束缚，会限制两个人的自由。小曼却没有多余的心思去思考这些，她只是觉得王庚跟自己不是一路人，他们无法一起生活。可她却从来没想过自己身上的问题。她和王庚真的不适合，王庚不浪漫，没有情调，她以为遇到一个浪漫、有情调的人自己的婚姻生活就圆满了。后来她遇到了志摩，他体贴入微、富有诗人的浪漫情怀，是她真心爱慕的人，可却没想到，他们之间仍然没有完美的结局。

第四章

志摩：冥冥中自有牵引

1. 浪漫诗人徐志摩

正当陆小曼和丈夫“话不投机半句多”，渴望冲出围城获得自由的时候，一个人出现了——民国大才子徐志摩。

徐志摩风流倜傥、才华横溢。他是金庸的表兄，浙江海宁市硖石镇人。1915 年毕业于杭州一中，先后就读于上海沪江大学、天津北洋大学、北京大学。1918 年赴美国学习金融学，三年之后以优异的成绩远赴英国剑桥大学研究政治经济学。

徐志摩在《给新月》中谈到发起新月社的原因时说道：“我们当初想望的是什么呢？当然只是书呆子们的梦想！我们想做戏，我们想集合几个人的力量，自编自演戏，要得的请人来看，不要得的反正自己好玩。”就这样，那个颇具盛名的文人社团因为“好玩”而成立了，住在北京石虎胡同的徐志摩是其中的精英，其中还包括很多日后有名的文豪：胡适、闻一多、梁实秋、余上沅、丁西林、林徽因等，吟咏啸傲。

徐志摩家境富裕，曾就读于国内家塾、硖石开智学堂、杭州府中学堂、上海浸信会学院暨神学院。在北大期间，徐志摩曾拜梁启超为师，而且举行了隆重的拜师大礼。在剑桥大学那两年，他深受西方教育的熏陶和欧美浪漫主义、唯美派诗人的影响。徐、梁虽然是师徒关系，但是二人的思想其实还是有很大不同的。已经接受资产阶级民主自由思想的徐志摩不顾世俗的眼光，舍命追求自己的理想人生，争取恋爱、婚姻的自由。

其实在结识陆小曼之前，他曾有过两段感情经历。第一段是奉父母之命和张幼仪结婚，深感和妻子之间缺乏感情。1920～1921年，徐志摩在伦敦认识了钟灵毓秀、冰雪聪明的林徽因，他觉得这才是自己理想中的伴侣——美丽、纯洁、天真、活泼。他们二人在英国度过了一段美好的时光。回国后，他仍然无法忘记这个清新脱俗的“林家女孩”。

徐志摩的结发妻子张幼仪温柔贤惠、会持家，可并不太适合浪漫诗人徐志摩。为了追求林徽因，1922年3月，徐志摩在柏林和张幼仪离婚。

徐志摩是梁启超的弟子，而梁启超的儿子梁思成和林徽因已有婚约。梁启超得知徐志摩为林徽因离婚而且为林徽因辗转回国的事情后，曾以训教弟子为由给徐志摩写了一封信，大意是希望徐志摩可以再三考虑这件事，不能因为一己之私乐而让身边的人痛苦，也不能沉迷于男女情爱的幻境之中而徒增烦恼和苦痛，应该懂得看开和放下。言辞恳切，让人感动。

可徐志摩已然心意已决，所以没有如梁启超预料中的良好回应。徐志摩回信说："我知我之甘冒世之不韪，竭全力以斗者，非特求免凶惨之苦痛，实求良心之安顿，求人格之确立，求灵魂之救度耳。人谁不求庸德？人谁不安现成？人谁不畏艰险？然且有突围而出者，夫岂得已而然哉？"他告诉自己的恩师，自己并非只顾自己私乐而让他人痛苦，他只是想要跟着自己的内心走，想到灵魂驱使的地方寻找幸福。之后极洒然地写了两句话说："我将于茫茫人海之中访我唯一灵魂之伴侣。得之，我幸；不得，我命。如此而已。"

从巴黎回来的徐志摩立刻和林徽因表白了，可满纸的情话却吓坏了年幼的林徽因："也许，从现在起，爱、自由、美将会成为我终其一生的追求，但我以为，爱还是人生第一件伟大的事业，生命中没有爱的自由，也就不会有其他的自由了……当我的心为一个人燃烧的时候，我便是这天下最最幸运儿、又是最最痛苦的人了，你给予我从未经过的一切，让我知道生命真是上帝了不起的杰作。"

"如果有一天我获得了你的爱，那么我飘零的生命就有了归宿，只有爱才可以让我匆忙行进的脚步停下来，让我在你的身边停留一小会吧，你知道忧伤正像锯子锯着我的灵魂……”

你说你要走的时候，我没有挽留，因为我知道，从你蹙眉的那一刻起，你早已不属于我了。我还是原来的我，可是你已经不再是当初的你了。

徐志摩的爱来得太凶猛，惊吓了林徽因，而且她也因为他抛弃了张幼仪的行为而深深自责。她没有想过徐志摩会为了她而离婚，甚至十六岁的她都不知道该对徐志摩抱有什么样的情感。徐志摩的眼神是那样的炙热，像一团烈火，又像一把利刃，让她无所适从。而也正是因为他的这份执着伤害了任劳任怨的张幼仪，所以让她不敢靠近他。

虽然不知道自己对徐志摩的感情，但是林徽因明白，自己无法回馈他的这份感情，因为她一闭上眼就会感到害怕，那段时间，她时常想起自己的母亲，之后由母亲联想到张幼仪，母亲的痛苦为她的童年留下了难以磨灭的印记。父亲的无情让母亲变成了一个让人难以靠近的刺猬，她竖起了全身的尖刺，却只能将父亲越推越远。在和姨娘的较量中，母亲早已丧失了自己的独有的魅力，只剩下一副充满幽怨的躯壳。没有人知道从爱到不爱要经历多长的时间，也没人知道海誓山盟最后是否会渐行渐远成为路人，但是母亲何雪媛成为林徽因面对这段感情时的枷锁，深深地扼住了她的喉咙。她无法因为自己而去伤害另一个无辜的女子，虽然那不怪她。

泰戈尔来华期间，徐志摩和林徽因再次接触，但此时的林徽因已经决定和梁思成同赴美国求学。徐志摩很是沮丧，正当他因为失恋而终日颓丧之际，他遇到了陆小曼。

泰戈尔 64 岁生日时，京城名流排演了诗剧《齐德拉》，在协和医院的礼堂，林徽因扮演齐德拉公主，徐志摩扮演爱神，当时的徐志摩，眼中只有林徽因。那个时候，陆小曼站在礼堂门口发售演出说明书。

一位叫赵森的人事后回忆当晚："在礼堂的外部，就数陆小曼一人最忙——进来一位递上一册说明书，同时收回一元大洋。看她手忙脚乱的情形，看她那瘦弱的身躯、苗条的腰肢，眉目若画，梳一丝不乱的时式头——彼时尚未剪发，斜插一枝鲜红的花，美艳的体态，轻嫩的喉咙，满面春风地招待来宾，那一种风雅宜人的样子，真无怪乎被称为第一美人。"陆小曼和徐志摩是一个圈子的人，他们迟早会相遇的。

其实，王庚也是梁启超的弟子，擅长交友的徐志摩没过多久就和王庚打成了一片。当时新月社的活动很多，徐志摩、胡适、王庚夫妇经常聚在一起。虽然同为梁启超的弟子，但二人的思想观念确实天差地别，王庚沉稳踏实，徐志摩动荡漂浮；王庚视工作如生命，徐志摩视爱情如生命。这也为后续陆小曼和徐志摩的相熟相倾埋下了伏笔。

王庚虽然是个武人，却颇具文人气质，和文化圈的人来往密切。1921 年成立文学研究会，王庚是早期会员，编号 34 号，而徐志摩的编号是 93 号，可见王庚资历之老。但文人气重的王庚偏偏没有文人的情怀，做事一板一眼，因此不招陆小曼喜欢。

2. 胡适：可遇不可求

说起陆小曼和徐志摩的相识，就不得不提一个重要的人物——胡适，小曼和志摩在一起可以说是胡适一手促成的。

胡适是北大教授，也是新月社的大哥，他是在徐志摩之前认识陆小曼的，而且被她的美丽动人所倾倒。他在画家刘海粟来北平的时候对他说："你到了北平，不见王太太，等于没到过北平。"刘海粟和胡适等人去王家见"王太太"，底下人只是通报说"小姐就来"，海粟心里疑惑：我们要见的是位太太，就是还年轻，也不能称之为"小姐"啊？

其实这其中还是有原因的，王庚家道中落，他和陆小曼的婚事是陆家一手操办的，下人中很多都是陆家带来的，所以一直没有改口，仍然称呼陆小曼为“小姐”。日后她嫁给徐志摩，下人也跟着过去伺候，仍称她为“小姐”。没过多久，小曼就出来了。海粟眼前一亮，心中不禁感叹：“这位女士真配叫陆小曼！”

胡适和陆小曼之间也曾有过一些暧昧情愫，只不过这段感情并未成型。

1925 年 5 月 3 日，胡适把歌德的一首诗写好后送给陆小曼：“要是天公换了卿和我，该把这糊涂世界一齐都打破，再锻再炼再调和，好依着你我的安排，把世界重新改造过！”陆小曼回信也说：“我还有时恨你能爱我而不能原谅我的苦衷。”

1925 年 6 月，陆小曼给胡适写英文信，其中一封上写道：“我最亲亲的朋友：这几天我很担心你。你真的不来了吗？我希望不是，因为我知道我是不会依你的。热得很，什么事都做不了。只希望你快点来看我。别太认真，人生苦短，及时行乐吧。最重要的，我求求你为了你自己，不要再喝了。就答应我这一件事，好吗？你为什么不写信给我呢？我还在等着呢！而且你也没有给我电话。我今天不出去了，也许会接到你的电话。明天再给你写信。——眉娘”信里的娇嗔如同小女孩一般，任谁看了都似融化了心一般。

胡适应该是对小曼动了情的，只是他不敢主动承认。胡适是有家室的。在他十三岁那年，母亲做主给他订了一门亲事，是个乡下的小脚姑娘江冬秀。而后胡适赴美学习，两人十四年未曾见面。1917 年，胡适学成归国，回国之后就和江冬秀完婚。

1923 年，胡适和正在杭州师范读书的同乡、当年婚礼上的伴娘曹诚英发生恋情，江冬秀得知后，“操起一把菜刀，一手搂住只有两岁的小儿子思杜（1921 年生），一手拖住大儿子祖望（1918 年生），顷间将刀勒向自己的脖子，对胡适声泪俱下叫道：‘你好！你好！你要那个狐狸精，要和我离婚！好！好！我先杀掉你两个儿子！再杀我自己！我们娘儿仨都死在你面前……’”胡适顿时吓得够呛，从那之后收敛了许多。其实江冬秀是个非常贤惠的女子，不仅对胡适好，对婆婆和族中子弟也都很好。

既然不能和小曼有什么结果，时不时去看望一下也好嘛。于是，胡适开始屡屡带着自己的朋友去小曼家中拜访，其中就包括徐志摩。

3. 知音难觅，日渐倾心

徐志摩回国后，在北京大学、清华大学、平民大学授课，而且主编《晨报·副刊》，发表诗歌作品，文采飞扬，又颇具演讲天赋，惹人仰慕。此后他更作为泰戈尔访华时的翻译，陪同其在国内讲演，在民众面前的曝光率非常高，更加让人仰望。

他和张幼仪离婚之后，成了众多少女的偶像，被贴上了诸多标签：帅哥、才子、海归、教授、富二代、单身。据说，他演讲的时候，台下总有女学生的窃窃私语和仰慕者的尖叫，如同时下的明星出场一般。

颇具现代风格的诗人的演讲行云流水，充满流动的幻想，他的话语时而慷慨，时而温柔，让人不禁心波荡漾。

苏雪林回忆她见到徐志摩受邀到苏州某女子中学讲演时的情景，“记得那天天气极冷，诗人穿了一件灰色绸子的棉袍，外罩一件深灰色外套，戴着阔边眼镜，风度翩翩，自有一种玉树临风之致……他那天演讲的是什么题目，事隔多年，今已不忆，横竖不出文学范围。诗人宣读讲稿时，有一种特别音调，好像是一阕旋律非常优美的音乐，不疾不徐，琮琤顿挫，有似风来林下，泉流石上，实在悦耳极了。”

对于初见徐志摩的情景，苏雪林更是记忆犹新：“记得有一次，那些留英同学在某高级酒店宴会，座中有诗哲徐志摩，兰子约我去瞻仰瞻仰。那一晚我才认识了钦羡已久诗人的‘庐山真面’。他的形貌大概很像梁实秋先生所形容：身躯是颀长的，脸儿也是长长的，额角则高而广，皮肤白皙，鼻子颇大，嘴亦稍阔，但搭配在一起，却异常的和谐。那双炯炯发光的大眼，却好像蒙着一层朦胧的轻雾，永远带着迷离恍惚的神情。这正是一双诗人的眼睛。诗人虽生活于这个尘世里，他的灵魂却栖息于我们永远不知道的梦幻之乡，或什么华严世界，所以如此吧。”

可以说，单从外貌上看，陆小曼和徐志摩是很登对，再加上徐志摩的才情，以及和陆小曼精神上的共鸣——一个失恋，一个嫁错了人……

其实，感情的事没有绝对的对与错，哪怕没有徐志摩，也还会有别人出现在小曼的身边，如胡适、张歆海。相对来说，朴实、贤惠的张幼仪似乎更适合勤恳忠厚的王庚，而他们却成了浪漫诗人和交际皇后在爱情方面的牺牲品。

徐志摩是个多情的诗人，他的心如火一般炽热。陆小曼呢？她在寂寞里苦怕了，就像她在《爱眉小札》序里说的："在我们初次见面的时候（说来也十年多了），我是早已奉了父母之命媒妁之言同别人结婚了，虽然当时也痴长了十几岁的年龄，可是性灵的迷糊竟和稚童一般。婚后一年多才稍懂人事，明白两性的结合不是可以随便听凭别人安排的，在性情与思想上不能相谋而勉强结合是人世间最痛苦的一件事。当时因为家庭间不能得着安慰，我就改变了常态，埋没了自己的意志，葬身在热闹生活中去忘记我内心的痛苦。又因为我娇蛮的天性不允许我吐露真情，于是直着脖子在人面前唱戏似的唱着，绝对不肯让一个人知道我是一个失意者，是一个不快乐的人。这样的生活一直到无意间认识了志摩，叫他那双放射神辉的眼睛照彻了我内心的肺腑，认明了我的隐痛，更用真挚的感情劝我不要再在骗人欺己中偷活，不要自己毁灭前程，他那种倾心相向的真情，才使我的生活转换了方向，而同时也就跌入了恋爱了。"

徐志摩参加京剧义演，扮演《春香闹学》里的老学究，而陆小曼扮演戏中的丫鬟，陆小曼的风情透过一身古韵更是魅力十足，一下子吸引了徐志摩的注意。舞会上，徐志摩看到陆小曼的时候，两人相谈甚欢。当时的徐志摩正因为追求林徽因失败而阴郁，陆小曼的出现再次激发了诗人的多情。

此后，徐志摩经常拉着胡适用各种借口找陆小曼去看戏或赶舞会。王庚则专注于工作和仕途，陆小曼想出去玩，王庚就说："我没时间，让志摩陪你玩吧。"而徐志摩来找王庚的时候，王庚就说："我没时间，让小曼陪你玩吧。"只是他没想到，自己的这种处理方法竟然导致了婚姻危机。

两人常常在一起游天桥、逛长城，不是去雨轩喝茶，就是到西山看红叶，朝夕相处，日渐倾心。那个时候，只要是陆小曼想去的地方，徐志摩都会陪她去，只要是她想做的事，徐志摩都会尽力去满足她。一个是绝代佳人，一个是风流才子，木讷的王庚给两人创造了机会，可谓天时地利人和。况且两人又都是随性的人，把爱情看得比什么都重要，也正是如此，二人坠入情网不可自拔。

陆小曼古文底子厚实，能填词作诗，非常敬仰徐志摩的才情，在陆小曼的眼中，徐志摩是个真挚、纯粹的人，他的真性情打动了陆小曼，和那些当官发财的男人不同，他的内心纯粹而美好，为了爱情而无所畏惧。徐志摩也对陆小曼感到痴迷，用他的话说就是："弱水三千，我只取她那一瓢饮。"

结婚后，小曼一直都过着行尸走肉般的生活。自从志摩出现，她的心开始泛起涟漪，暗暗地跳动着。她想压制自己的情绪，但是无济于事，越想控制越是那么肆无忌惮地思念。不知道从什么时候开始，她总是盼着徐志摩的出现，哪怕是他与王庚在交谈，自己只是在一旁偷偷地看上几眼。

她，自卑了，怯懦了。从小就娇惯任性，自我感觉良好的女子第一次出现这种感觉。毕竟自己已是有夫之妇，是别人的妻子，如何能够对别的男人动心，况且还是那么一位有魅力的男人。想起自己读的书里的故事，突然觉得很真实，很凄美。以前总是觉得那些都是虚假的东西，别人杜撰的经历。此时的小曼真切地体会到书中女主人公的感受。志摩就是她梦里的那个男人，能够温暖她心灵的那个人。王庚是一个刻板、尽职、沉着、干练的年轻人，是一个工作狂，除了周末，平时绝没有时间陪小曼玩耍或说话。这种婚姻已经让小曼厌倦，生活中出现像志摩这样的男人，自然会让小曼感受到柔情。已经开始倒戈的心毫不犹豫地偏向了另一边。

此时的王庚对此全然不知，当时他被调任为哈尔滨警察局局长，想让妻子陪自己同去，陆小曼不好拒绝，只得和朋友依依惜别。由于陆小曼是京城社交界的名媛，她来到哈尔滨之后，冰城到处都张贴了陆小曼的海报。

冰城和京城是没法比的，陆小曼很快就厌倦了这里，没过多久就提出要回娘家，和王庚分居。王庚无奈，只好写信托胡适和张歆海照顾小曼。

跟陆小曼在一起的日子里，徐志摩写出过这样的情话：

“我的诗魂的滋养全得靠你，你得抱着我的诗魂像母亲抱孩子似的，他冷了你得给他穿，他饿了你得喂他食——有你的爱他就不愁饿不怕冻，有你的爱他就有命！”他毫无顾忌地向世人宣示自己对陆小曼的爱。

小曼的日记中也开始反思：“我现在才知道夫妻间没有真爱情而还需日夜相缠，身体上受的那种苦刑是只能苦在心，不能为外人道的。”在外人眼中的美丽、权势的登对，是无法了解精神上空虚对夫妻感情才是致命的殇。

王庚从未怀疑过自己的妻子，他总觉得每个人都有自己的位置，不会逾越，可此时陆小曼和徐志摩之间的恋情已经闹得满城风雨了。

作为血气方刚的军人，据说王庚也曾对徐志摩起过杀心，但冷静下来之后，他还是希望可以挽回妻子的心。

4. 美丽的梦成了真

小曼本身就是个名媛，即便是结了婚，也无法改变这个事实。她需要的是快乐、自在的生活，至少在这些时候，她可以活出真实的自我。志摩的出现仿佛改变了小曼的一切，让她原本“认命”的心态发生了剧烈的波动。

志摩开始经常来王家串门，小曼总是隔三岔五就能看见他。王庚的工作非常忙，一直都是小曼陪着志摩。小曼开始有意无意地疏远社交圈，她想多抽出些时间和志摩在一起。社交场上的欢乐不过是图一时之快，和志摩在一起，她觉得自己的整个灵魂都放松。

见小曼出去的时间少了，王庚知道，志摩的开导起了作用。王庚知道志摩的性格和小曼有很多相似之处，他们之间极易相处，而且志摩是个有思想、有知识的人，一定会带领小曼走上贤妻良母的正途，逐渐远离那些腐朽的气氛。身体和精神都会一点点好起来，过上正常女人的生活。他十分赞成小曼和志摩单独相处，希望一切都能朝着好的方面发展。

可人算终究不如天算，事情不是像王庚想得那么美好。志摩的确开导了小曼，小曼也的确远离了娱乐场所，可她的心也离王庚越来越远。小曼原本就有一颗蠢蠢欲动的心，再加上志摩的指引，她变得更加不安分。

以前的她，心里不过是有个期盼，希望未来有个美丽的梦。志摩出现之后，她发现爱情并非小说里的剧情，也并非镜花水月，它是能通过努力拥有的幸福。志摩就是她心中所想的男人，他不重名利，重情义。

志摩身上那股诗人特有的浪漫气质深深地吸引了她，每次和志摩单独相处都是一种享受。志摩每次都能让小曼有种耳目一新的感觉，她觉得志摩身上充满了神奇之处，让她忍不住窥探，忍不住靠近。女人对男人爱情的第一步就是好奇，志摩的思想、谈吐都是那么与众不同，他博古通今，文采一流，而她，敬仰他、崇拜他。

小曼将心中的委屈告诉志摩。志摩也看出了小曼与王庚之间的问题。他让小曼放宽心情，好好生活。小曼的痛苦却愈演愈烈，时常在志摩面前流泪，她说自己就像是一只被关在笼子里的小鸟，每天看着主人的脸色度日。她就是一个被别人豢养的宠物，一刻都没有为自己活过。爱情就是天上的月亮，只能远远地看着，绝对不可能拥有。小曼羡慕那些小说故事里的女人，虽然结局不一定完美，但是她们毕竟曾经为自己活过，轰轰烈烈地爱过。而她知道自己没有这样的机遇。志摩宽慰小曼，若真是如此痛苦，不如反抗吧。为自己的幸福努力一把，不论成败，此生也不会后悔。志摩对小曼说，你是一个绝世的好女子，美丽大方，多才多艺。你应该拥有自己的爱情，自己的生活。我支持你，我希望你能找到自己的幸福。而且我相信，你终有一天会美梦成真，自由地生活在天地间，将你的才华挥洒，为世人留下美丽的篇章。小曼静静地思考志摩对自己鼓励的话语，恍然大悟。是啊，还有时间，人生才刚刚开始，应该为自己争取。想到如何去努力小曼便灰心了，自己一个人如何孤军奋战，没有目的地，如何出发？终究是一个女子，一个人终究没有办法踏出一条违背世俗的道路。这样的想法也实属正常，小曼毕竟是一个名门闺秀，知书达理。就算曾接受西式教育，她毕竟是炎黄子孙。中国女性身上的弱点还是没有办法完全剔除。志摩知道了小曼的心思，他愿意与小曼站在同一条战线上抗争。志摩对小曼说，自从看见你的第一眼，就知道你的与众不同，你的不可多得。我已经深深地爱上了你，你愿意成为我的女神吗？小曼感动得落泪，她没有想到竟与志摩有这样的缘分。当你爱着一个人的时候，那个人也深深地爱上了你，这是一件多么幸福的事情。小曼陶醉在志摩的柔情之中，这是她一直以来梦想的境况。小曼想这一定是上天给她的机会，让她脱离苦海，成为幸福的女人。志摩告诉小曼，为了他们的爱情，他可以放弃一切，甚至生命。小曼是他爱情的终点，一切都是上天的旨意。在他最痛苦失落的时候，小曼就像天使一样出现在自己的生命里，那么灿烂，光彩夺目，为自己的生活带来阳光和希望。他一定会珍惜小曼，如同珍视自己的生命。遇上这样的爱情是一辈子的幸运，一个诗人如果没有爱情的浇灌，一定会变成一堆干骨，没有血肉，没有灵性。即使有堆积如山的文字，却不能变成一首感人肺腑的诗句。作为诗人的志摩，需要小曼这样的女人成就自己的柔情。她就这样出现了，在他毫无防备的情况下，住进了他的心里。就算是落下夺人所爱的骂名，志摩也要将自己的真心付出，绝不后悔。小曼掉入混沌的深渊无法自拔，过着没有自我的生活，这时候志摩出现了，将她拉进了现实的生活，并给了她希望和爱情。小曼想起志摩对自己的种种好，不禁羞答答地笑了起来。王庚从来没有让小曼有这样忘我的情怀，只有志摩才是与小曼心灵契合的那个人。爱情是两个人的世界，只有彼此倾注情感才能长久。一方的执着只能维持一时，不能拥有一世。能够拴住人心的东西唯有感情，任何事物都无法取代。小曼与志摩已经深深地相爱，谁都没有办法阻止爱情的前进。知道彼此的心意后，小曼与志摩进入了甜蜜期，志摩与小曼单独见面的机会更多了，他们谈天说地，好不畅快。

5. 爱情的“引导者”

爱情推动着人们执着地前进，不计后果，不惧艰难险阻。无论世事如何变迁，爱情始终是人们赞美的佳话。当一个人走进你心里时，他就掌控了你的情感，牵动了你的情愫，只等生根发芽，为那那繁花盛开的一刻。

小曼和志摩的爱情是那么强烈，那么不计后果。只为奔赴华丽的人生盛宴，只为一生能有这样一次灿烂。

志摩为了小曼愿意放弃一切。违背自己的原则，背叛自己的朋友，不顾家人的反对，付出什么样的代价都可以，只为拥有这个风华绝代的女子。似乎拥有小曼就拥有了全世界，一个只属于志摩的世界。在这个世界里，没有礼数，没有痛苦和挣扎，只有他与小曼的爱情。志摩觉得，有小曼的生活才是理想的生活，小曼就是自己国度的王后，没人比小曼更高贵、更美丽。

恋爱中的人总是喜欢幻想，把自己脑海中的种种美好强加在爱人身上，当然了，梦幻也是爱情的一部分。脱离了现实，任何情感都纯洁得如同水晶，没有杂质，晶莹剔透，似乎透过它看到的这个世界都可爱了许多。

当初他们相识的时候，志摩已和前妻离婚，是自由身，而小曼却被婚姻所系绊，她的夫婿王庚是上流社会有地位、有前途的青年才俊，如果没有志摩对小曼的“引导”，“他那双放射神辉的眼睛照彻了我内心的肺腑，认明了我的隐痛，更用真挚的感情劝我不要再在骗人欺己中偷活，不要自己毁灭前程，他那种倾心相向的真情，才使我的生活转换了方向，而同时也就跌入了恋爱了。”恐怕陆小曼是不会选择离婚的。

志摩对小曼的影响巨大，以前小曼虽然活在精神的孤寂和痛苦之中，却没有勇气改变现状。因为她知道，自己的命运并不仅仅掌握在自己手中，可她又不甘心这样一直暗淡，暂时的看不到希望让她绝望过一段时间。

正当她以为黎明前的黑暗会一直持续下去的时候，志摩出现了，慢慢地，她在志摩的引导下看清了自己，找到了属于自己的人生方向。她知道，志摩就是她的希望。

每次志摩和她谈及西方的先进思想时，小曼总是托着腮认真地聆听，仔细思考其中的道理。志摩如同一个精神导师一般，带领着小曼一步步走出阴霾，突破自我，勇敢地追求内心的夙愿。

爱情并非虚无缥缈的海市蜃楼，而是实实在在的感情，当幻想慢慢接近现实的时候，所有人都慌了，内心那股想要得到的冲动也开始沸腾起来。正是因为志摩对小曼的热爱和志在必得，才让小曼走出婚姻，成为当时社会认为的不道德的女人。

但事实上，小曼是先和王庚的不和，才和志摩相遇、相知的。她说：“婚后一年多才稍微懂人事，明白两性的结合不是可以随便听凭别人安排的，在性情与思想上不能相谋而勉强结合是人世间最痛苦的一件事。”所以，小曼并不是个水性杨花、见异思迁的女人。她是个情感的觉醒者，比起那个年代的普通女人，她不愿逆来顺受，她的个性和情感的觉醒帮助她走出婚姻，走向志摩。

她是个敢爱敢恨、活得很真实的女性。只是在当时的社会，普通人的思想中这样的女人离经叛道。封建礼教下的女人应该是男人的附属品，没有灵魂，没有思想，只为衬托男人而生。而小曼这样的女人，注定要被世俗疑惑、消融。然而小曼从未惧怕过，她只是勇敢地前进，走向属于自己的理想的春天。志摩就是小曼看到的希望，她终于明白自己的思想不是遥远的梦想，是可以拥有的现实。

志摩曾对小曼说：“让这伟大的灵魂的结合毁灭一切的阻碍，创造一切的价值，往前走吧，再也不必迟疑！”可事情并非志摩想象得那么容易，周围所有的人都前来劝阻小曼，想让她悬崖勒马。

小曼心里清楚，前来劝阻自己的人都怀揣着一颗想要拯救她的心，她是感动的，只是她只能选择一条属于自己的路。志摩对小曼的影响巨大，小曼的内心赞同志摩，只是碍于强大的现实，让她不知该如何自处，毕竟自己如今已是别人的妻子，总是比不得那些未婚的女子，尚有选择的余地。压力让小曼喘不过气来，残酷的现实揪着她的心。

缘分来了，谁都不能逃避，只能面对。小曼深深地爱上了志摩，她真切地感受到了自己内心的呐喊。窗外的风景早就变得暗淡，社交场上的热闹早已无法引起小曼的关注。似乎只有和志摩在一起才能拥有真正的快乐。她暗暗下定决心：给志摩一份完整、热烈的爱情。

小曼知道，自己不能不给他整个的从来没有给过人的爱！他们这样情不自禁地抑制不住地相亲相爱、难舍难分。志摩赞美小曼：她像一朵高爽的葵花，对着和暖的阳光一瓣瓣地展露她的秘密。小曼快乐得如同一个贪玩的小女孩，整天跟在志摩身后，脸上的笑容渐渐增多，满足异常。这就是爱情的力量，它能让一个陷入痛苦的女人重新感受到幸福的滋味。一个懂得爱情真谛的人，可以在爱情中获得极大的满足。

在小曼的心里，拥有志摩的爱情是自己这一生的荣幸。小曼从未后悔过，爱上志摩是正确的选择。女人的心事最坚强也最脆弱。当女人爱上一个人时，那个人如同蜜糖一般，滋润、甜蜜着自己的生活。她崇拜他、爱慕他，怀揣敬意与柔情。但是当一个女人开始变心时，外界的任何诱惑都会成为致命一击，此时的她们很容易受伤害，容易遍体鳞伤，消沉绝望。有时候，女人如同斗士一般，保护着自己认为美好的事物。

此时的志摩是那么快乐，他在献给小曼的诗中写道：“那时我凭借我的身轻，盈盈的，沾住了她的衣襟，贴近她柔波似的心胸 / 消溶，消溶，消溶 / 溶入了她柔波似的心胸！”正当他们快乐得像神仙一样时，他们的秘密被人发现了。家庭和社会都无法谅解她和志摩的爱。当然，这也是当时社会的常态，没人会赞同他们之间的爱情。没有这样的先例，即使有，也是寥寥无几，被世人诟病，无立足之地。身边的亲人、朋友都反对他们，志摩顶着巨大的压力。可他并未退缩，为了小曼，他愿意付出一切。这就是志摩的坚定信念，也正是这颗坚强的心成为小曼和志摩爱情的催化剂，让他们之间难舍难分，任何人都无法阻挡这两颗炽热的心交织在一起。

6. 无独有偶

小曼的母亲说，小曼是因为接触徐志摩这种人，又看了太多的小说才最终选择离婚的，这确实也是当时新潮的名媛淑女们离婚的原因。小曼这一代，女子的生活已经开始改变。各种歌颂爱情的书籍也传进中国，加之接触了开明的绅士，了解了一些西方思想，中国的名媛淑女们开始变化，追求爱情是她们变化的第一步。

火红的朝霞渲染着整个老北京城，来来往往的人群夹杂着各种叫卖声。北京城里的大街小巷都是这么热闹，红墙绿瓦都散发着暧昧的气息。院落里的树显得更加青翠，蝴蝶在花丛中忙碌，扇动着美丽的翅膀。豪门深闺显得愈加幽静，静谧的气氛中还有一丝丝的忧伤。小曼是一个任性、多情，喜欢玩又玩惯了的女人，一天不出去，就浑身难受，无聊至极。她厌恶这种无边无尽的孤寂，没有激情，没有自由，无所事事。时间对于女人来说是宝贵的财富，如此这般的花样年华，怎能就这样在寂寞中渐渐逝去。

小曼喜欢读小说，小说就是她的精神食粮，可以帮她打发一个又一个无聊的下午。她沉醉于那些动人的故事情节之中，无论是惊世骇俗的痴恋还是没有结果的暗恋，都深深地打动着她的心。她很想将自己的感受说给身边的人听，但是没有一人理解她的心情和感受。她觉得自己在这个世界上孤军奋战，却连一个知心的人都没有。

每当小曼想要和王庚说出自己内心的感受时，王庚总是漫不经心地听着，小曼知道他根本无法理解自己。而王庚却以为小曼只是抱怨几句，使点小性子，发个脾气，并不会真有什么离经叛道的想法。在他的心里，小曼就是个任性的孩子。可她并不是个孩子，而是一个成熟的、才华横溢的女人，她有判断力，会思考，是个独立的个体。

他们夫妻间的性格差异太大了，是完全不同的两类人，时间久了，自然会产生矛盾、摩擦，日积月累，夫妻变得疏远、冷漠，甚至成为怨偶也在情理之中。当夫妻之间的感情只剩下抱怨之后，婚姻其实已经名存实亡。小曼开始消极对待，不想为自己的婚姻再做出任何努力。疲倦在一段婚姻之中最为可怕，憎恨往往还表示存在着激情或心存期冀。当一切都变得无所谓时，婚姻也就走到了尽头。不过是同住一个屋檐下、无关紧要的两个人罢了，着实让人寒心！

徐志摩说："曼，我已经决定了，跳入'油锅'，上'火焰山'，我也得把我爱你洁净的灵魂与洁净的身子拉出来。”陆小曼说：“做人为什么不轰轰烈烈地做一番呢？我愿意从此跟你往高处飞，往明处走，永远再不自暴自弃了。”

徐志摩对陆小曼也爱到极点：“今天早上的时刻，过得甜极了。我只要你；有你我就忘却一切，我什么都不想什么都不要了，因为我什么都有了。与你在一起没有第三人时，我最乐。坐着谈也好，走道也好，上街买东西也好。厂甸我何尝没有去过，但哪有今天那样的甜法；爱是甘草，这苦的世界有了它就好上口了。眉，你真玲珑，你真活泼，你真像一条小龙。”“我爱你朴素，不爱你奢华。你穿上一件蓝布袍，你的眉目间就有一种特异的光彩，我看了心里就觉着不可名状的欢喜。朴素是真的高贵。你穿戴齐整的时候当然是好看，但那好看是寻常的，人人都认得的，素服时的眉，有我独到的领略。”

徐志摩开始频频到陆家拜访，一开始陆母对陆小曼严加防范，对徐志摩冷若冰霜，但还能保持礼貌，后来见徐志摩拜访的次数越来越多，便直接破口大骂。徐志摩虽然有些畏惧，不敢独自上门拜访，却又多找了几个人陪自己去小曼家。吴曼华虽然生气，但还不至于把这些有头有脸的人挨个骂一遍，只是无论如何都不肯妥协，王赓是自己给女儿挑选的乘龙快婿，前程似锦，徐志摩不过就是个诗人、教书匠。

徐志摩对陆母这种软硬不吃的态度很是苦恼，只好写信给陆小曼发牢骚：“眉，娘真是何苦来。她是聪明，就该聪明到底；她既然看出我们俩都是痴情人容易钟情，她就该得想法大处落墨，比如说禁止你与我往来，不许你我见面，也是一个办法；否则就该承认我们的情分，给我们一条活路才是道理。像这样小鹣鹣的溜着眼珠当着人前提防，多说一句话该，多看一眼该，多动一手该，这可不是真该，实际毫无干系，只叫人不舒服，强迫人装假，真是何苦来。”后来陆小曼的父母见二人整日里眉来眼去，舆论又闹得很凶，干脆直接把陆小曼关在家里。这样一来，两个人真的是没法再见面了。

徐志摩和陆小曼之间的事闹得满城风雨，舆论一时间哗然。但也有力挺他们的，郁达夫说：“志摩和小曼的一段浓情，若在进步的社会里，有理解的社会里，这一种事情，岂不是千古的美谈？忠厚柔艳如小曼，热烈诚挚若志摩，遇合在一道，自然要激发火花，烧成一片了，哪里还管得到纲常伦理？更哪里还顾得到宗法家风？当这事情正在北京的交际社会里成话柄的时候，自己就佩服志摩的纯真和小曼的勇敢，到了无以复加。”他还说：“记得有一次在来今雨轩吃饭的席上，曾有人问我对这事的意见，我就学了《三剑客》影片里的一句话回答他：‘假使我马上要死的话，在我死的前头，我就只想作一篇伟大的史诗，来颂美志摩与小曼。’”

可是在那个年代，他们之间的爱情是被人所不耻的。用现代的眼光看小曼，她只是一个最具勇气，毫不伪饰，敢于追求个人幸福的真女子，再平常不过。但是在当时，如果宽容些的话，她也只不过是抛头露面的另类女子。世间万物都在变化之中，而这些变化都有一个过程，小曼就是那些走在变革前沿的女性。棒打出头鸟，她注定会被世人看作不甘寂寞，行为放荡的女人。

“新月社”从石虎胡同搬迁至松树胡同七号，徐志摩借着庆祝的由头让胡适请来了同为“新月社”成员的陆小曼。两人相见，竟无语凝噎。

7. 彼此的梦中情人

志摩对女人是挑剔的，看女人的眼光比较高，女人就是他所谓爱、美、自由理念的体现。一个女人如果不漂亮，不活泼，没有性灵，没有知识，没有天赋，他是肯定不会喜欢的。

林徽因集美貌、才华、自由的思想于一身，小曼也有这一切，他爱这类女人。只有这样的女人才能够成就他的诗情画意，也只有这样的女人才能够成为他的知己。

志摩喜欢有志向的女子，在他眼中，没有才情、没有知识的女人是那样的乏味，当容颜渐渐老去时，什么都留不下，也什么都剩不下。只有内心的学识和自身的气质能够长久地保留下来。小曼在他心里就是这样的女子，美丽大方、冰雪聪明，看见小曼志摩就明白了，她就是自己这一生苦苦寻找的人。他热烈地爱上了眼前的女子，在他眼中，小曼是那么完美，无人能取代。爱情让人变得盲目，无法看清真相，只能够看到美好的一面，无视真实的世界。或许志摩觉得经过自己的熏陶，小曼一定可以成为自己心目中真正的淑女。

在小曼的心里，志摩是那么与众不同。他是个诗人，视名利如无物，而且那么善解人意，知女人心。他是真地理解她、欣赏她。他的心是那么宽阔、柔软。小曼喜欢这样绅士、柔情的男人，她开始想象和这样的人生活在一起，她觉得他们在一起一定是幸福的。她在日记中写道："所幸现在已有几个知己朋友知道我，明白我，最知我者当然是摩！他知道我，他简直能真正地了解我，我也明白他，我也认识他是一个纯洁天真的人，他给我的那一片纯洁的爱，使我不能不还给他一个整个的圆满的永没有给过别人的爱。”

恋爱中的人总是把对方想得太好，或只想对方好的一面，甚至夸大对方身上的优点，给对方戴上一圈光环，在这光环的照耀下，似乎一切都是那么美妙。

如同前世的约定，如同不能逃避的命运，两个志同道合、同病相怜、相互欣赏的人注定会走到一起。

借问人间愁寂意，伯牙绝弦已无声。高山流水琴三弄，清风明月酒一樽。钟期久已没，世上无知音。伯牙绝弦，知音难觅。这是多少世人内心的呐喊。人这一生，相遇容易相知难。

茫茫人海之中，小曼和志摩相遇了，相知相惜。似乎彼此就是久寻不得的知音，两颗心已经默默贴近。小曼告诉志摩：从前，她只是为别人活，从来没有为自己活过，她的生活早就被安排好了，也是别人认为好的生活，却不是她想要的。王庚是父母看上的，是父母眼中的潜力股。父母认为王庚将来必定有一番作为，而她是陆家的独生女，必须和这样的男子结婚才能给家族带来希望。她知道，即使自己有千般本领，也只不过是个女流之辈，无法像男人那样抛头露面，驰骋沙场。陆家的声望需要一个男人去成就，父母需要王庚这样的乘龙快婿。

所以，小曼妥协了，接受了父母的安排。当时的她还太年轻，没有真正看透婚姻这件事情，没有人让她产生爱情的感觉，没有人像志摩那样走进她的心扉。她以为结婚以后爱情可以慢慢培养出来，结果，她失望了，到最后，甚至是绝望。这不是她想过的生活，而是牢笼，生活在铜墙铁壁之中，被笼罩在阴暗的帷帐之下，她感到窒息，喘不上气来，可仍然没人理解她，没人理睬她的感受，大家都以为她很幸福。

她需要一个倾听她心声的人、一个真心疼爱她的人。多少次午夜梦回，她看见的那个人，亲切地注视着自己，虽然只是模糊脸庞，但是她知道，梦里的人就是懂自己的那个人。

那股执着的等待支撑着小曼，她知道，这样痛苦的生活不会持续一辈子，她不要像那些郁郁而终的女子，葬送自己的终身幸福，只为个贤良淑德的虚名。她要为自己活一次，活出自己的精彩才是生命的真正意义，这些在当时人的眼中看似不正常的想法才是小曼的真心。

一世情缘，半生等待。伸手便可触及，那是幸运。时间在指缝中静静流淌，等待亦是一件美事。茫茫人海，川流不息，每个人都在等待，机遇和缘分，在时间里成长着。一个回眸，一场细雨，就能完美地呈现。紧紧地抓在手里，绽放在心间。一个风华绝代的女子，一个才华横溢的诗人，相见便是电光火石般热烈。

第五章

乱世灵犀：在万千人中与你同舟共济

1. 为爱煎熬：远访泰戈尔

正当徐志摩为不能见小曼而苦恼时，他收到了一封泰戈尔寄来的信。泰戈尔第一次访问中国是在 1924 年，那次访问，泰戈尔和徐志摩聊得很投机，两人成了忘年交。次年 3 月，泰戈尔邀请徐志摩同游欧洲，当时正值徐陆二人的恋情引发舆论喧哗之时。

收到信后的徐志摩左右为难，一边是自己的忘年交，一边是自己心爱的女子。胡适劝他前往欧洲，他写信给陆小曼，申明自己心中的矛盾：不想出去，因为放心不下小曼，担心她没有勇气抵挡环境的压迫，毕竟追求陆小曼他也是费了一番心血的，陆小曼好不容易在自己的启蒙之下愿意做个崭新的新时代女性。因此他在信中反复鼓励陆小曼要挣脱牢笼，让那些看不起的旧思想的普通人自惭形秽；另一方面，他觉得暂时的分别可以让陆小曼从自己传授给她的思想中汲取精神力量，同时自己游历欧洲可以接受教育，汲取营养。意思就是说，陆小曼在家中为冲破固有思想而努力，而自己在海外继续提升，做出一番成绩。这样半年下来，两人都得到了提高，再次相聚，不就能为在一起增加筹码了吗?

由此可见，徐志摩是个冷静而懂得权衡的人，看似炽热，但是在做决定的时候似乎又有些无情。徐志摩可以一走了之，说什么我们短暂的分别是为了以后长久地在一起，可陆小曼怎么办，你去学习、去提高，那我呢? 我只能被关在家里，独自面对荆棘山。

不过当时坠入爱河的陆小曼却是一心为君，她写信劝说徐志摩："虽然我舍不得你走，你不在我说不定会被他们逼疯，我也会感到势单力薄，但我不会妨碍你的前途，你这次出去游历，和大诗人在一起，肯定会对你的才艺有极大的促进作用。再说，这样的环境，你在可能更糟糕，他们会防得更紧，不如你先离开，让我与他们周旋，也让时间考验一下我们的情感，看看能不能忘掉对方?"陆小曼的话中有这样几层意思：第一，我舍不得你走；第二，你不在，我可能会疯；第三，你走后，我可能会忘掉你；第四，你出去有助于提高才艺。前三层的意思都是"你不要走"，只有最后一层意思才是违心地表达自己的深明大义"你走吧"。不管徐志摩有没有猜出其中的真意，他最后还是决定走了。

徐志摩出国前，众人为他饯行，那天王庚也在，陆小曼只是一杯接一杯地喝酒，有人劝她别喝了，她却说："我不是醉，我只是难受，只是心里苦。"当时徐志摩心里也难受，他坐在旁边，看着陆小曼的失落，内心也是无比煎熬。也许她醉了更好，否则清醒着分别，只会让彼此更加难受。

等到人群散去，徐志摩回到自己的住所给小曼写了封信："啊！我的龙，这时候你睡熟了没有？你的呼吸调匀了没有？你的灵魂暂时平安了没有？你知不知道你的爱正在含着两眼热泪，在这深夜里和你说话，想你，疼你，安慰你，爱你？我好恨呀，这一层的隔膜，真的全是隔膜，这仿佛是你淹在水里挣扎着要命，他们却掷下瓦片石块来算是救渡你；我好恨呀！这酒的力量还不够大，方才我站在旁边我是完全准备了的。我知道我的龙儿的心坎儿只嚷着'我冷呀，我要他的热胸膛偎着我；我痛呀，我要我的他搂着我；我倦呀，我要在他的手臂内得到我最想望的安息与舒服！'——但是实际上我只能在旁边站着看，我稍微的一帮助就受人干涉，意思说'不劳费心，这不关你的事，请你早去休息吧，她不用你管！'……"

徐志摩一边写信一边回忆着小曼在酒席上说的那句话："我不是醉，我只是难受，只是心里苦。"内心也是苦不堪言，如果陆小曼可以不问世俗，直接说出那句"我们私奔吧""我们殉情吧"，徐志摩可能会毫不犹豫陪着她，只可惜，她没有，她难以反抗。

徐志摩回忆着陆小曼的醉态，惨白的容颜，那眉宇间的凄清，他觉得自己似乎是受了逼迫，他情不自禁想要去赞美她，猜测着她是否最爱自己，她的灵魂属于谁。

徐志摩的生活虽然丰富，但作为诗人的他，精神世界很孤独，他常常渴望有人与自己共鸣，所以他爱上了林徽因，林徽因离开了，他又找到了陆小曼，可陆小曼早已名花有主，这一次，他不想再这么错过，他必须让她成为自己的：“你是我这一辈子唯一的成就，你是我的生命、我的诗；你完全是我的，一个个细胞都是我的——你要说半个不字叫天雷打死我完事。”

这一走，他可真是一万个放不下啊，所以他百般鼓励陆小曼，让她鼓起勇气面对外面的流言蜚语。

徐志摩离开北平远赴欧洲，陆小曼不想去送行，可不去怕被人猜疑，去了又必须假惺惺地笑着送他离开。她想单独和爱人说几句体己的话，可又没有那样的勇气。徐志摩同样没勇气，只是满眼含泪，握着陆小曼的手，陆小曼也扯出一丝笑容，良久，说了句：“一路顺风。”车子越开越远，她的眼睛也是模糊了。王庚冷冷地问道：“为什么你的眼睛红了？哭了吗？”她只是不语。

2. 独守寂寞：我的世界是空的

回到家，四周一片冷清，陆小曼坐在书桌前，看着志摩写给自己的信，呆呆地望着，什么都不想做，也不愿意有人来打扰。

志摩走后，平日里她所喜欢的应酬如今也变成了煎熬："今天是礼拜，我偏有不能辞的应酬，非去不可，但是我的心只想得一个机会来静静地多写几篇日记，多写几行信，哪有余情来做无谓的应酬？难怪我一晚上闹了几个笑话，现在自己想想都是可乐的，'心无二用'这句话真是透极了，一个人只要心里有了事情，随便做什么事都要错乱的。""我今天写得很舒服，明天恐怕没有机会了，因为早晨须读书，饭后随娘去医院，下午又要到妹妹家去，晚上又是那法国人请客，许多不能不去做的事情又要缠着一整天，真是苦极了。"

几天后，陆家到广济寺做佛事，陆小曼当然也要同去。虽然心里很难过，可该去的应酬还是必须要去的。硬扯着脸皮笑的感觉让陆小曼有些喘不过气来，她找了个机会躲到后边大院，大院在月光的照耀下一切都显得清晰明朗，那儿一个人都没有，很清净，似乎人到了这个环境里就能忘却一切前尘旧事。她原本是胆小的人，可现在却不觉得害怕，她坐在栏杆上听着周围传入的琴声、钟声、禅声，那超凡脱俗的乐声变成了凄凉的曲调，柔肠寸断。她就在这里，默默流泪。

一天，陆小曼到西山大觉寺散心，在轿子里，陆小曼看到远处一片白茫茫的，就问轿夫："山上的是雪吗？为什么还不化？"轿夫笑着说："城里的姑娘不出门，连杏花都不认得，说成了雪，五六月的，哪来的雪啊？"原来一晃，春天都已经过去了。

为了减轻痛苦，小曼去大觉寺休养了两个礼拜。在远离家庭与社会的大自然中，小曼变得异常快乐，完全与自然景色融为一体。她激动地写信告诉志摩："你看那一片雪白的花，白得一尘不染，哪有半点人间的污气？我一口气跑上了山顶，站上一块最高的石峰，定一定神往下一看，呀，摩！你知道我看见了什么？咳，只恨我这支笔没有力量来描写那时我眼底所见的奇景！真美！从上往下斜着下去只看见一片白，对面山坡上照过来的斜阳，更使它无限的鲜丽。那时我恨不能将我的全身滚下去，到花间去打一个滚，可是又恐怕我压坏了粉嫩的花瓣儿。"那天，她被美丽的花熏醉了，那晚，她不由得在花丛中睡着了，似梦非梦地感到志摩来到她的身边，与她说话，亲吻她，醒来才知不过一场梦。

沉醉在大自然的怀抱里，小曼仿佛回到了和志摩初次相识的地方，找到了甜美、自由的感觉。如同梦境一般美好、迷离，让人沉醉。小曼喜欢大自然的美丽，一切都像是画家笔下的文墨，这般不真实起来。小曼真心佩服那些画家，山水在他们笔下是那样灵动，那样逼真，真是稀奇。此刻的美景，她似曾相识。大概是哪个画家把眼前这般美景融进了自己的画作里。小曼和精致早已有了不解之缘。

小曼拿出自己的笔墨开始描绘眼前的美景，离开世俗的喧嚣，没有亲朋的逼迫，一切都是那么美丽。小曼挥洒自如，她本身就是个颇具绘画天赋的才女，早年她在圣心学堂时，就曾有人出高价买过她的作品。自从嫁给王庚后，小曼已经很少作画。在她看来，作画必须要融入自己的感情，如此才可以将作品的特色展示出来。没有感情的画如同没有生命的笨拙之物，是很难入真性情人的眼的。所以，小曼的画作很少，但是只要她愿意动笔，一出手就是佳作。

和王庚结婚之后，小曼失望过，也放纵过，那个时候的她很少作画，整日里挥金如土，萎靡不振。如今，她的心又开始清明起来，再次挥动手中的笔，看见这般景色，她幻想着志摩就在自己身边，他们一同欣赏着美景。志摩为她打开心灵之窗，灵感如同阵阵清风袭来，轻轻吹动着。爱情如同这大自然，不知是哪位高人的鬼斧神工，行云流水。没人可以改变大自然的纯净气息，也没人能阻止已经根深蒂固的爱情。人的心事是最难控制的神物，不管是谁都难以抗拒内心深处的趋势。

小曼很喜欢画风景，每次画完一幅风景图，小曼都会陶醉其中。曾经和志摩游玩的时候，她也会画一些画。当时志摩会为小曼指点一二，让她静静体会这美丽的风景，之后再开始动笔。心中肯定会有一段规划，才能做到挥洒自如。如今志摩不在身边，小曼只能自己完成。可她仍然快乐无比，因为此时的她可以这样安静地作画，这样肆无忌惮地想着志摩，幻想着他们的未来。

她无时无刻不思念着志摩，她本就是个性情中人，和志摩一样多情。她多么想和志摩隐居在这美丽的大自然中，再不回到那让人烦恼的尘世中。就在这里等待志摩，守护他们的爱情，享受这片天空的纯净。

徐志摩是个“灵商”很高的人，所谓灵商，就是指对事物本质的灵感、顿悟能力和直觉思维能力。在徐志摩和陆小曼的通信中，曾多次提到关于灵魂和性灵方面的问题。

徐志摩说：“爱的生活也不能纯粹靠感情，彼此的了解是不可少的。爱是帮助了解的力，了解是爱的成熟，最高的了解是灵魂的化合，那是爱的圆满功德。没有一个灵性不是深奥的，要懂得并认识一个灵性，是一辈子的工作。这工夫愈下愈有味，像逛山似的，唯恐进得不深。”“我不仅要你的肉眼认识我的肉身，我要你的灵眼认识我的灵魂。”“你看看地上的草色，看看天上的星光，摸摸自己的胸膛，自问究竟你的灵魂得到了寄托没有，你的爱得到了代价没有，你的一生寻出了意义没有？你在北京城里是不会有清明思想的——大自然提醒我们内心的愿望。”

和陆小曼相爱，徐志摩一直有一种站在高处怜惜她的感觉，他想从她这个贪玩、奢侈的女子的内心深处挖掘出她的灵魂。但是等到陆小曼的灵性逐渐进入徐志摩的灵性里时，他感觉到了她的灵性对自己的影响，感觉到了她对美好爱情的向往，此时的他开始不由自主地仰视陆小曼，献出自己的真情和真爱，并且不吝言辞去赞美她："你这样一朵稀有的奇葩，绝不是为一对不明白的父母，一个不了解的丈夫牺牲来的。你对上帝负有责任，你对自己负有责任，尤其你对于你新发现的爱负有责任，你以往的牺牲已经足够，你再不能轻易糟蹋一分半分的黄金光阴。”陆小曼原本懵懂，却在徐志摩的熏陶下开始追求灵魂，目标一经确定，她便义无反顾。

其实最初感情上空虚的时候陆小曼也曾和母亲抱怨过："照这样的日子再往下过，我怕我的身体上要担受不起了。”母亲却说她是受西方文化的渲染讲什么不切实际的爱情。

志摩远赴欧洲，但陆小曼却决定拼了，无论前路有多坎坷，她都要搏一搏。只可惜她的所作所为在那个年代只会遭人唾弃，她求助无门，只好将满腔情愫倾诉在笔端“我真恨，恨天也不怜我，你我已无缘，又何必使我们相见，且相见又在这个时候，一无办法的时候……现在叫我进退两难，丢却你不忍心，接受你又办不到，怎不叫我活活地恨死！难道这也是所谓的天数吗？”

那个时候的陆小曼很是萎靡，没过多久就病倒了，家庭医生说她的心脏和神经都出现了病症，她无动于衷，似乎医生诉说的是别人的生死。那时候志摩已经离开一个多月了，陆小曼住进了医院，父母心急如焚。王庚在南京担任督办浙江军务善后事宜公署高级参谋，一时抽脱不开，给胡适和张歆海二人写信 :“陆家有电报来叫我回京，苦的是我是军人，不能随便行动，说走就走。好的是一二日内就有机会来到，可以假公济私，人亦可以来京，钱亦可以多少带点。请你告诉小曼，好好安心调养……我没有到之前，你们两位更得招呼她点，见面再谢吧。”不管怎么说，王庚对陆小曼还是十分关心的。可小曼病中梦到的却是志摩的身影。

小曼康复以后，王庚要调职上海，旁人都盼着王庚调职的事能成功，只有陆小曼每天期盼着王庚不能如愿，如此离心离德，感情也是冷到了极点。但最后，王庚还是得偿所愿了。一想到志摩回来见不到自己了，陆小曼感觉自己的心脏都要裂开了，她找个由头和王庚大吵一架，回房哭去了。

为了和志摩相守，她甚至为两个人的以后相伴做好了规划 :“摩！我想到万不得已时我们还是躲到山里去罢！我这次看见好几处美丽的庄园，都是花二三千块钱买一座杏花山，满都是杏花，每年结的杏子，卖到城里就可以度日，山脚下造几间平屋，竹篱柴门，再种下几样四季吃的素菜，每天在阳光里栽栽花种种草，再不然养几个鸟玩玩，这样的日子比做仙人都美。”可见小曼虽贪图享乐，但是为了自己的爱人，还是愿意牺牲掉物质上的丰盈的。都说恋爱中的人头脑是不清醒的，可是在那份执着的催使下，倒也显现出了真性情。

徐志摩总也不回来，陆小曼感觉自己痛苦得如同死去了一半，她躺在病床上，感觉心跳加速，身体热得如同钻入了火炉里，很多人围在病床前。王庚自陆小曼病后的第二天就启程前往上海，其实他的在还不如不在，小曼见他也如透明人一般。胡适见陆小曼病情凶险，偷偷打电报叫徐志摩回来。

志摩得知小曼得病的消息，心急如焚。小曼一病多天，远在欧洲的志摩急得像热锅上的蚂蚁，痛苦无奈。他在信中写道："我唯一的爱，你真得救我了！我这几天的日子也不知怎样过的，一半是痴子，一半是疯子，整天昏昏的，惘惘的，只想着我爱你，你知道吗？早上梦醒来，套上眼镜，衣服也不换就到楼下去看信，照例是失望，那就好比几百斤的石子压上了心去，一阵子悲痛，赶快回头躲进了被窝，抱住了枕头叫着我爱的名字，心头火热的浑身冰凉的，眼泪就冒了出来，这一天的希冀又没了。说不出的难受，恨不得睡着从此不醒，做梦倒可以自由些。眉呀，你好吗？为什么我这心惊肉跳的一息也忘不了你，总觉得有什么事不曾做妥当或是你那里有什么事似的。龙呀，我想死你了，你再不救我，谁来救我？”

他们两个虽然身处异国，但感受却是相同的：一个在国内痛苦，一个在国外呻吟，可谓心有灵犀。小曼想志摩时，志摩也在想小曼，但是在那个年代，这样的真情是打动不了国人的，没人会同情他们，更没人肯原谅他们。

3. 轰轰烈烈：为了神圣的爱情

从古至今，但凡漂亮的女人都会被冠以这样的词汇——红颜祸水、红颜薄命，似乎女人太过美丽便如毒药，男人一旦陷得太深就会迷失自我、丧失斗志。温柔乡虽然让人心动，但好男儿志在四方。怎可为了一个女人丧失自己的斗志、放弃自己的远大前程。

在过去，女人的名誉甚至比生命更加珍贵，什么“贞节烈女”“贞节牌坊”似乎比女人的生命更重要，任何损毁名声的事情都是大恶，特别是那些书香门第、官宦世家的女人，名声、芳誉就是她们的一切，她们甚至愿意为了虚名牺牲一切，个人的幸福对她们而言根本算不了什么！

在过去，中国男人并不怎么在意情感，他们只是觉得娶妻不过是必然过程，为了传宗接代。男女在一起，最重要的目的就是将香火延续下去，一旦女人无法生养，那么这个妻子在这个家庭中也会不受重视。

志摩是最先受到西方浪漫主义思想熏陶的诗人，他把情感看得比生命还重要，结果招来很多人的非议、不解和嘲讽、讥笑，大家都觉得他为了一个女人毁掉自己的事业和前程简直就是在发疯。可志摩却不这样认为，他觉得人不该为了虚名而活，那种生活是没有意义的。当时志摩正在巴黎看一出瓦格纳的音乐剧《特里斯坦和伊索尔德》，这出戏是最出名的情死剧，Tristan 与 Isolde 因为不能在这世界上实现爱，他们就死，到死里去实现更绝对的爱。其实中国也有这样可歌可泣的爱情，只是中国人都不会大肆宣扬这样的情节。

志摩在给小曼的信中写道："伟大极了，猖狂极了，真是'惊天动地'的概念，'惊天动地'的音乐。龙，下回你来，我一定伴你专看这戏，现在先寄给你本子，不长，你可以先看一遍。你看懂这戏的意义，你就懂得恋爱最高、最超脱、最神圣的境界。"

二十世纪二十年代的社会最讲伦理道德，当两个年轻人以爱情至上的理念冲击社会的道德观念，这在当时的中国绝无仅有。志摩就相当于中国的普罗米修斯，他将西方的爱情火种带到中国来，在陈旧腐朽的中国社会上燎原，震惊了所有人，包括他的恩师梁启超。

志摩本身就是个轰轰烈烈的人物，他是一个有真性情的男人。为了爱情他愿意放弃一切，为了小曼他愿意牺牲自己的名誉、前途，在他的心目之中：爱情至上。他知道小曼也是这样的人，所以他不会放弃她，他不能让小曼一个人承受剩下的痛苦，这不是大丈夫作为。

在他看来，只要坚持，就一定能看见胜利的曙光，他们的爱情如同美丽的蝴蝶，总有一天会展开美丽的翅膀，流连于花丛之中。在小曼和志摩的心中，他们的爱情是这一生中最重要的经历。不能放弃，必须奋斗。他们的坚持终将会感动身边所有的人。小曼和志摩正在等待那一天的到来。

他们要在这世间自由携手，不受命运的束缚……他是才华横溢，温柔多情的诗人；她是艳压群芳，多才多艺的名媛。他们之间，有一见钟情的美好，有惺惺相惜的牵挂，更有才子佳人的千古传奇。淅淅细雨之中迷离的感伤，繁花丛中比翼双飞的绚烂。爱情如同一道彩虹，照耀在古老的大地之上。

4. 情路坎坷：这一次绝不放手

其实，从志摩离开的那一刻，小曼便开始了无尽的思念。志摩这一走便是半年，漫无边际的思念萦绕在心间，她不知道自己该如何度过以后漫长的日日夜夜。小曼开始一遍遍翻看志摩写给她的信和诗，感受着志摩炙热的情感。她愿意保护志摩这份纯真的情感，就留她一个人与世俗抗争。

志摩的感情之路十分坎坷，坐在去西伯利亚的火车上，志摩感到非常孤苦。曾经他花了四年时间苦苦追求林徽因，当时他将自己后半生的幸福都放在了徽因身上。林徽因是这世间难得的奇女子，她有很多优点，和普通的女子有太多的与众不同。可这样的女子已经离他远去，他只能默默地祝福。徽因是绝情的，一点儿机会都没留给他。

追求徽因的时候，志摩像个多情的青年，他使尽浑身解数都没办法博得自己心爱的女子的芳心。志摩以为终有一天徽因一定会被自己感动，结果却那么让人伤感。徽因已经嫁给了恩师的儿子，而且婚姻幸福美满。他知道，自己已经没有任何机会了。就在自己感觉痛苦万分，如同掉入十八层地狱一般时，小曼出现了，她如同美丽的精灵，一出现，就吸引了所有人的注目。

志摩喜欢有个性、有思想的女人，志摩觉得小曼就是这样的女人，就是他苦苦寻找的灵魂伴侣，他觉得小曼就是那个能够带给他爱情的女人。只可惜造物弄人，和小曼相遇的时候，小曼已经嫁为人妇，这让他们之间的爱情充满了艰难，志摩的感情之路是这么坎坷，他的内心其实也是十分酸楚的。可他明白，如果今生要错过小曼，他必会遗憾终身。所以即使身在异国他乡，他也要时时想着小曼，让自己的思念穿越千山万水去温暖小曼的心。

寒风凄厉、冰天雪地的西伯利亚，志摩觉得自己孤独而可怜。他对小曼的思念恰和西伯利亚的寒冷相互呼应。恶劣的气候让他那颗原本炙热的心也变得冰凉。离别只能将他心中的爱火点得更亮。离开小曼的那段日子，志摩受尽了相思的煎熬。这次的分离坚定了他对小曼的爱，时间并不会淡化这段感情，只会坚固他们彼此的坚守。

他每天都会给小曼写一封热情的快信，诉说自己对她的爱与思念。鼓励小曼努力斗争到底。为了他们的爱，无论经历什么样的痛苦和折磨，他的心中期盼着未来的胜利，期盼着小曼的苦斗，期盼两个人最终能有个好结果。只要能和小曼光明正大地走到一起，志摩也就心满意足此生无憾了。志摩给予小曼信心和勇气，虽然他如今身处异地，但是他的心永远和小曼在一起。那不是一个人的抗争，他时刻都在小曼身边，他告诉小曼，只要她能坚持下去，他一定会给她一段完美的爱情。

那个年代，一个女人离婚会受众人指责、家人反对的，当小曼提出离婚时，亲朋好友都来劝阻小曼，告诉小曼离婚的想法非常可怕，给她分析了各种利害关系，小曼开始胆怯了，她有些摇摆不定，不知该怎么办才好。社会和家庭的压力是那么大，她看不到前方的路。她曾想过要放弃，因为这个斗争的过程实在太艰难了。作为名门闺秀，有那么多双眼睛都在看着她。

被人们放在眼里、心里是一种荣耀，是名媛的成功，小曼无论走到哪里都是焦点，她一直都是这般骄傲。但是现在，这种绚烂却成为伤她的利剑。志摩鼓励她战斗，为他们的爱情去争取，勇于面对世俗的眼光，敢于承担所有的压力。他告诉小曼，这些不过是浮世中的幻象，总有一天会消失。只有爱情才是最纯净的天空，永恒的美丽。志摩许给小曼的未来是那么耀眼，让每个女人都忍不住去贪恋。

然而事实上，没人会奢望一个不得而知的未来，喜爱是因为知道，只要拥有就会幸福。和志摩相处的日子里，小曼感受到了从未有过的触动。爱情可以让人生，亦可让人死。每每想起两个人在一起的欢乐时刻，小曼便十分痛苦。他们在一起的每时每刻都那么值得回忆，值得留恋。欢乐和悲伤是个逆转的过程，想到如今的处境，小曼又是那么痛苦，终日以泪洗面。

如今，小曼已经感到事态的严重，感到自己势单力薄，她后悔让志摩出国，她需要与志摩一起斗争，需要志摩的力量和爱，她现在真的感到很难，如同黑夜里的舟行大海，四面空阔无边，前途是那么渺茫，不知道什么时候才能达到目的地，天空随时都可能刮起云雾，吹起狂风，降下骤雨，将她这一叶扁舟打翻入海底，永无出头之日。

小曼开始不断地做噩梦，她害怕，她担心自己永远沉沦在这种生不如死的境况之中。无力挣扎，无心生活，不知道该何去何从。一边是自己的挚爱，一边是亲人朋友，无论是谁都会难以抉择。也许只有等到光明来临的那一刻才能冲破黑暗，看到目的地的方向。看起来一切还须命运来帮忙，人力是有限的。她虽然有信心可以克服重重阻力、重重压力，但吉凶未卜，她真的无法预测未来。一个名媛淑女的婚姻是容不得污点的，否则肯定会受到世人的唾骂。小曼深知此道理，苦苦挣扎，自己和自己的战争最艰难，说服自己做别人眼中的异类、不守妇道的女人，其实是需要莫大的勇气的。

志摩走后没过多久，小曼前往亲戚家应酬，亲戚和舅妈为她闹离婚的事奚落了她半天，她受到那些不理解她的人的侮辱，回家之后，情绪一落千丈。究竟自己的选择是对是错？现在她已经全然不知了，志摩觉得他们之间的爱是那么神圣，那一定是正确的。但是除了志摩身边的朋友，所有人都认为她做错了。现在该怎么办？小曼真的不知道。她和志摩之间的事肯定不会这么简单就结束。志摩远在异国他乡，但是她仍然可以感受到志摩的坚持与温情。如果此时志摩可以陪在自己身边该有多好，那样的话，纵使外界传出什么样的风言风语她都不怕，即便是置身于冰天雪地也能感受到温暖。

别人说什么伤害不了她，只要志摩守在身旁陪她一起经历风雨，她就什么都不怕。小曼在日记中写道："我真恨，恨天也不怜我，你我已无缘，又何必使我们相见，且相见又在这个时候，一无办法的时候？在这情况之下真用得着那句'恨不相逢未嫁时'的诗了。现在叫我进退两难，丢却你不忍心，接受你又办不到，怎不叫我活活地恨死！难道这也是所谓天数吗？"小曼每天在这种心神不定的折磨中度日。作为那个年代的名媛，要接触各种人，现在，大家都在用特殊的眼光看她，可能是轻蔑，也可能是不屑，让她如何在社会上做人？

往昔那些炙热的目光一时间变成了讥讽和嘲笑，让人情何以堪？阔太小姐们把往日的嫉妒完全爆发出来，私底下对小曼极尽嘲讽。但还是有少数开明的女人敬佩小曼的勇气，却不赞同小曼张扬的性格。女人太过招摇终会受到伤害的，小曼就是这样的女人。众说纷纭，贬责的声音充斥在小曼的世界里。

在没有女子离婚的年代，一个女人想要尝试离婚，那种压力是常人难以想象的。小曼在二十世纪初为了争取婚姻自由所经受的挫折和痛苦是常人难以忍受的，即使在社会环境如此宽容的现代，也不是所有的女性都拥有陆小曼那样的勇气，为了追求爱情而愿意牺牲一切。

5. 世俗诟病：内心的挣扎

王庚一直在等待小曼的回心转意，小曼却在等待志摩回来，带着她一起逃离王家。她想永远和志摩在一起，她想嫁给志摩。王庚的满心期冀注定会落空，因为小曼的心早就不在他身上了。

小曼就这么静静地等待着，哪怕只是收到志摩的信，她的情绪都会好很多。小曼给志摩回信道："摩，为你我还是拼命干一下的好，我要往前走，不管前面有几多的荆棘，我一定直着脖子走，非到力尽我决不回头的。因为你是真正的认识我，你不但认识我表面，你还认清了我的内心，我本来老是自恨为什么没有人认识我，为什么人家全拿我当一个只会玩只会穿的女子……只有你，摩！第一个人从一切的假言假笑中看透我的真心，认识我的苦痛，叫我怎能不从此收起以往的假而真正的给你一片真呢！我自从认识了你，我就有改变生活的决心，为你我一定认真地做人了。”

其实，很多名媛都曾想过追求自己内心的幸福，可现实却是那样残酷，不给她们向前迈一步的机会，她们的想法多半被扼杀在摇篮里，一生不得实现，直至香消玉殒的那一刻，她们仍然没有体会过另一种人生的滋味，只好带着遗憾地离开了。

在小曼的身边，那样的女人有很多，她们有太多无奈，一生匆匆数十载，就这么任其流逝，任其凋零。她们眼睁睁地看着自己随着岁月流逝越来越苍老，直到最后再也没有力气挣扎，只能任人摆布。

和古代女人相比，民国时期的女人已经拥有了很多的自主权利。特别是大家闺秀，她们有机会接受良好的教育，不仅有传统的三从四德，还有西式的先进教育。很多女子甚至有走出国门进修的机会，自然和过去的女人有着天壤之别。

封建礼教已存在了几千年，一时之间难以改变。于是，女人的处境开始变得艰难，她们的思想已经开始进化，拥有着追求自由的心，可外界的环境却不允许她们走自己的路。中国女子必须接受礼教的束缚，女人提出离婚在当时就是一个笑话，会被世俗所抨击。

小曼想抛开一切，为了自己神圣的爱情而斗争。不管世人怎么诋毁她，她都觉得不重要，她只知道，自己要和志摩在一起，要追求自己的幸福。她以为旁人不能体会自己的感受，母亲一定可以，她会理解自己的，却没想到，这一次，母亲也狠下心要阻拦她。

女儿的心事，母亲最能理解。从小到大，母亲在对小曼的培养上可谓煞费苦心，对母亲说出心事已经成为一种习惯。在小曼陷入困境时，母亲总能开导她，同时为她想出解决的办法。在小曼心里，母亲是最值得信任的人，更是最爱自己的人。她回忆着儿时依偎在母亲怀里，听母亲讲世间的奇人异事，那个时候的她，很开心、很幸福。

从学业到穿衣打扮，母亲可谓费尽苦心。小曼是吴曼华唯一成年的孩子，自幼便对她非常疼爱，只可惜，父母想让孩子过上的生活也许并不是孩子想要的，父母总是打着为孩子好的旗号，做一些让孩子厌恶的事情，从古至今从未改变过，这就是我们平时所说的代沟，从古至今一直存在。

当小曼被痛苦包围时，她想到了自己的母亲，她将内心深处的感受告诉母亲，母亲在感到震惊的同时，也心疼自己的孩子。她知道，每个女人都曾对那些虚无缥缈的事情存在渴望，可那毕竟是人杜撰出来的故事。但是在现实生活中，她从未见过一个女人可以不顾三从四德，追求所谓的爱情。

吴曼华语重心长地告诉小曼，她不该走这条路，否则最终只会自食苦果。吴曼华规劝着小曼，她希望小曼可以和自己为她挑选的良婿王庚一起好好地生活下去，相夫教子，美满和乐。她觉得这才是女人一生的命运。

小曼想让母亲支持自己，可母亲固执得很，她觉得小曼这就是在胡闹。小曼越是强调她和志摩之间的感情，母亲的反感情绪就越强烈。在吴曼华看来，诗人都是善于风花雪月，喜欢杜撰一些骗人的谎话去欺骗那些年纪小，没有经过世事的年轻女子，并不适合与之生活。她对志摩本就存在偏见，如今看到志摩教唆自己的女儿离婚，吴曼华真是气坏了。

小曼十分伤心，连母亲都不理解自己，还能有谁会站在自己这边。小曼把母亲的态度告诉给志摩，她十分伤心。从小到大，母亲对她的诉求无一不应，而这一次，母亲却生了她的气，觉得是她不好。

那个时候的小曼情绪很不稳定，她觉得事情已经到了最坏的情况。志摩理解小曼的痛苦，没人比志摩更了解小曼。母亲的态度对小曼而言至关重要，她就是小曼从小到大的指向标、精神支柱。志摩安慰小曼，母亲不会真的怪她的，早晚有一天，母亲会理解她的所作所为的。这种态度不过是暂时逼迫她的，过一段时间，一切都会恢复如常。等有一天，他们结婚了，幸福地生活在一起，母亲肯定会很开心。

另一方面，志摩想了许久，自己必须要为小曼做点什么。既然如今无法陪在她的身边，和她一道迎接狂风暴雨，那就只能默默支持小曼斗争。志摩给小曼的母亲写了封信，言辞恳切。请求他们为女儿的幸福给他们一条出路。他在信中表明了自己的真心，说自己愿意为小曼放弃一切。他发誓一定能给小曼幸福，让小曼过上无忧无虑的生活。小曼如同他的生命一般珍贵，没有小曼他也活不下去。小曼也是如此，她因为他们之间的事情已经很痛苦了，身体也越来越差。他希望家里能给小曼一条生路，也给他们的爱情一点希望和祝福。

小曼的母亲看到这封信后非常气愤，不但没有缓和对二人的态度，反而说志摩在教训他们。小曼看看信，再看看震怒中的母亲，既为难，又伤心，她给志摩写信说："你为我太苦了，摩！你以为你婉转劝告一定能打动她的心，多少给我们一条路走走，哪知道你明珠似的话好似跌入了没底的深海，一点儿光辉都不让你发，你可怜的求告又何尝打得动她滑石一般硬的心呢！一切不是都白费了么？到这种情况之下你叫我不想死还去想什么呢！不死也要疯了，我再不能挣扎下去了。"

当时小曼的确是在用生命争取爱情，看到自己最爱的人跟着自己一起痛苦，她感到心力交瘁。只觉得内心的沉闷无法得到解脱，痛得好似心在被割锯，神经也似在疼痛中渐渐麻木。

看到小曼的信，志摩也流下了眼泪。他告诉小曼，现在还不是绝望的时候，他不会让小曼继续痛苦下去的，他发誓一定要给小曼一个结果。作为深爱小曼的男人，他要成为小曼的守护神。他告诉小曼："眉，等着我，不要灰心，我一定会给你幸福。"

6. 压力苦闷：陆家的态度

徐志摩到达欧洲的时候，泰戈尔已经离去。这时，他的结发妻子张幼仪给他生的二儿子徐德生年仅三岁，因病而亡。

想当初，张幼仪身怀有孕，徐志摩便因为苦恋林徽因而让妻子打掉孩子，让病床上的张幼仪和自己签订离婚协议。回忆起当初徐志摩看小儿子的场景，张幼仪说，他"把脸贴在窗玻璃上，看得神魂颠倒"，却"始终没问我要怎么养他，他要怎么活下去"。（张幼仪语）

徐志摩抵达柏林前一周，幼子因腹膜炎而死亡。当时他不知道孩子的病情凶险，还给陆小曼写信："再隔一个星期到柏林，又得对付她（指当时在柏林留学的张幼仪）了，小曼，你懂得不是？这一来柏林又变了一个无趣味的难关”；到柏林后，当他得知幼子病亡时，再次给陆小曼写信，全程都用旁观者的视角去描述这件事：“可怜不幸的母亲，三岁的小孩子只剩了一撮冷灰，一周前死的。她今天挂着两行眼泪等我，好不凄惨……（指张幼仪）可是一个有志气、有胆量的女子，她这两年来进步不少，独立的步子已经站得稳，思想确有通道，这是朋友的好处，老 K 的力量最大，不亚于我自己的。”是啊，还有什么可怕的呢？丈夫在自己怀孕的时候逃了；爱子因病而亡。一个什么都没有、什么都失去的人，恐怕是无所畏惧了。

幼子的病亡并未对徐志摩的内心产生什么影响，但当他得知陆小曼病重的时候，却心急如焚，立刻致电询问，陆小曼嘱咐胡适，让他告诉志摩自己的病情已经好转，让他勿念。此时的徐志摩很是后悔，早知如此，当初就不该离京，否则小曼也不会病倒。他想着多给小曼写几封信，明明昨天刚把信寄走，今天看到小曼的来信，又是有满肚子的话想和小曼说。原本自己还埋怨小曼笔懒不肯写信给自己，没想到她却是病了。

小曼的病情逐渐好转，但是她却坐立不安，那天她还没起床，就被人叫回娘家，刚进门，她就觉得气氛有点儿不对，全家人围坐在一起，手中还拿着信件。她以为是自己和徐志摩的私信，却没想到是王庚的最后通牒。

原来，王庚在上海的工作稳定之后，他想接小曼回来，他以为激情过后一切都可以重新开始。但是小曼畏惧王庚火爆的语气："一、请她放尊重点；二、请她火速去上海。"他以为凭借自己丈夫的身份早晚都能把陆小曼拉回身边，但他没想到，此刻，胡适、刘海粟、张歆海，以及小曼那颗心……如今都和他站在了对立面上。

陆小曼对王庚的态度嗤之以鼻，冷冷地说："我还以为是什么大不了的事，原来是这么点小事，这有什么难处呢？我想去就去，不想去就不去。"听到陆小曼的话，母亲立刻变了脸色："哪有那么容易，嫁鸡随鸡，嫁狗随狗，你必须去。"陆小曼思量着等徐志摩接到自己的电报之后立刻动身，不过二十天的归程。哪知全家人根本不给她机会，让她在一周之内就动身。她气得暴跳如雷，再次晕了过去，等到醒来之时，没人再敢逼她去上海。

王庚的最后通牒让陆小曼和家里发生了激烈的争执，陆小曼晕倒了。经过一夜的苦思冥想，第二天清晨，她刚进娘家门就说："如果你们一定要逼我去，我立刻死在你们面前。"哪知道母亲却说："好，要死大家就一起死。"陆小曼没法下台，她想离开，父母却声泪俱下，苦苦哀求她再给王庚一次机会，如果王庚再对她不好，父母出面让他们离婚。

这一次，陆小曼屈服了，她给徐志摩写信："摩！我今天与你永诀了，我开始写这本日记的时候本预备从暗室走到光明，忧愁里变出欢乐，一直地往前走，永远地写下去，将来若是到了你我的天下时，我们还可以合写你我的快乐，到头发白了拿出来看，当故事讲，多美满的理想！现在完了，一切全完了，我的前程又叫乌云盖住了，黑暗暗的又不见一点儿星光。”

如果说以前的陆小曼感谢上天让她遇到了徐志摩，那么现在的她开始怨怪老天爷害了她。为什么天公要让他们相遇，彼此折磨，到最后却天各一方？为什么徐志摩要启蒙自己，让自己从混沌中看清内心，什么都明白，原来美好过后只剩痛苦。徐志摩是陆小曼爱情道路上的引路人，他们轰轰烈烈地爱了一场，可这场恋爱，也许在走向终结。

至七月底，徐志摩终于回到北京，没有见到小曼，只看到她留下这样一段话：“你我的一段情缘，只好到此为止了，此后我的行止你也不要问，也不要打听。你只要记住那随着别人走的是一个没有灵魂的人。我的灵魂还是跟着你的，你也不要灰心，不要骂我无情，你只来回地拿我的处境想一想，你就一定会同情我的，你也一定可以想象我现在心头的苦也许比你重三分呢……你快不要伤心，我走了，暂时与你告别，只要有缘，也许将来会有重见天日的一天……”

终于在一场舞会上，两人再次见面，还没说两句话，陆小曼就委屈地哭了。之后，胡适开始约二人同游，这次去北海，两人终于紧紧地拥抱在一起了。在朋友们的帮助下，两人开始一次又一次的见面，诉说情话，小曼的脸上，再次恢复往日的笑容，只是这美好并没有持续多久……

7. 云开月明：与王庚的分手

陆母带陆小曼来到王庚身边。一心想甩掉徐志摩这个难缠的主，这样小曼就可以安心地和自己的女婿过日子了。可却没想到，刚到南京火车站，她就看到徐志摩，气得吴曼华拉着小曼就走，大庭广众之下，小曼不敢反抗，只得和徐志摩默默相望。

这次再见到小曼，王庚警惕多了，从原来对小曼的放纵变为管制，不允许她再交际应酬、吃饭跳舞。王庚满心以为，离开触景生情的地方，远离心生爱意的人，这一切都可以慢慢回到原来的轨迹。这是普通人的想法，也是一般事物发展的规律。事情却没有朝着人们预想的方向发展，小曼对志摩的思念与爱意丝毫也没有因为分离而减弱。志摩写给小曼的信一直鼓励着她，让她有了继续与世俗对抗的勇气。志摩只需要对抗自己的内心，小曼却要对抗所有的人。

一次，王庚对陆小曼说："你在家等我，我回来有事。"刚好那天和陆小曼齐名的"南唐北陆"的唐瑛上门请陆小曼吃饭，陆小曼犹豫着不敢去，唐瑛便开玩笑地说："我们都以为受庆怕小曼，没想到小曼这样怕他，不敢单独和我们走。"一边说着一边拉着陆小曼往外走。小曼刚想上车，王庚就回来了，他当着众人的面训斥小曼："你是不是人，说定了的话不算数的。"当时的场面非常尴尬，陆小曼觉得自己很委屈，找母亲诉苦。父亲得知此事后很是气愤，支持女儿离婚，只是陆母仍然不同意。

在那段苦恼的日子里，愤怒激发志摩经常写诗。每次写完，他都会拿给小曼看。刚开始小曼还感兴趣，但是时间久了就有些不耐烦，或敷衍了事，或根本不看。此时，志摩就会有些尴尬，甚至难堪，就不再准备给她看。小曼和志摩在一起是因为那种诱人的情，甚至有新鲜和刺激的因素，因为志摩和别的男人是完全不同的类型。

志摩毫不吝啬自己的赞美之词，他能够发现，会呵护、体贴，当这一切一旦得到或习惯之后，兴奋和喜悦的情绪就会减弱。小曼其实并不是真的喜欢文学，喜欢诗。她看诗，多半是因为诗是诗人为她而作，是为了追求那种被特殊对待和赞美的感觉。如果诗人的每首诗都拿给她，让她看，她也会感到厌烦，这一点其实志摩已经有所察觉。

只是此时的志摩并没有多余的情绪思考几年后的事情，他只想立刻和小曼在一起，无论今后的生活会变成怎样，他总是抱着美好的理想。沉寂在爱情中的人都是盲目的，很难看到以后的苦难，只会看到希望和幸福。他觉得自己和小曼就是才子佳人的组合，未来将会成为人人羡慕的神仙眷侣。所以，无论如何，他都要和小曼在一起。

徐志摩找到胡适，胡适觉得为难，他又找来刘海粟，可是见到刘海粟，志摩又踌躇了。刘海粟问他：“你有什么心事？”志摩说：“你看出来了？”刘说：“你讲吧。”志摩说：“我和她认识才两年多，现在已经不能自拔了。”志摩开始诉说他们的情感和目前有情人不能终成眷属的苦恼，他要刘为他想办法。刘很为难，因为三角恋情中的人，都是风云人物。志摩见刘面带难色，就说：“这样下去，小曼是要愁坏的，她太苦了，身体也会垮的。”刘想起小曼多病的身躯，开始同情他们。他想想自己也曾为幸福和自由逃过婚，不能不帮志摩，于是血气方刚的他痛快地说：“那我就去试试。”有了刘海粟的这句话，志摩的心里也踏实了，放心地回北京去了。

刘海粟对陆母动之以情晓之以理，告诉陆母如果强迫陆小曼在王庚身边，她不开心，父母也跟着担心，有哪个父母愿意自己的亲生女儿活在痛苦之中？

陆母对王庚其实还是很中意的，她觉得王庚这个女婿忠厚孝顺，日后必成大器。可另一方面，陆小曼是自己的亲生女儿，她也着实怕自己的女儿受了委屈。

最后还是刘海粟想出一个主意，他在上海素菜馆“功德林”宴客，参与宴会的有陆小曼母女、徐志摩、张歆海、杨铨、唐瑛、唐腴。一群人中没有一个是向着王庚说话的，王庚虽然看出了这群人来此的目的，却也不动声色，和大家打过招呼之后坐了下来。

见众人不开口，张歆海忍不住问道："今天到这儿究竟是来做什么啊？你葫芦里卖的什么药？"刘海粟正不知道该如何开口，张歆海一席话引出了缘由，他趁势端起酒杯，对众人说："今天我做东，把大家请来是为了纪念我的一件私事，当年我拒绝封建包办婚姻，从家中逃出来，终得幸福婚姻，来，请大家干了这杯酒。"饮毕，刘海粟继续说道："大家都干了这杯酒，就表示大家都支持我的所作所为。大家都知道，我们正处在社会变革的时期，新旧思想、观念正处在转换阶段，封建余孽正在被逐渐驱除……封建思想在某些人的脑子里仍然存在，并未被冲出来，我们都还年轻，谁不想追求自己的幸福？"他越说越慷慨激昂，什么妻子并非丈夫的点缀，而是知音，什么三从四德的时代已经不复存在，众人随声附和。

很明显，他的那句"封建思想在某些人的脑子里仍然存在"其实说的就是王庚，可王庚并没有恼怒，而是给自己倒了杯酒，对众人说："愿我们都是为自己创造幸福，并且为别人幸福干杯。"随后不失风度地离开了。王庚当然知道这场"功德林宴"是为自己设的，可他并没有意气用事，而是在思考。

两个月以来，王庚只想用工作驱除内心的伤痛，但焦躁的他却无论如何都无法安下心来，王庚是爱小曼的，小曼也是那个时代成功男人的理想妻子，能娶到小曼真的很不容易。但是从那之后，他被迫认真思考他和小曼的婚姻，小曼既然已经铁石心肠，硬把自己与小曼拴在一起，也不是办法，更不会幸福，不如放小曼走，让她追求她的幸福去。他终于决定给她自由。

一天夜里，他突然叫住陆小曼：“小曼，我想了很久，既然你和我在一起没有快乐，我也无法给予你你想过的那种生活，我们只能分开了。宴会结束后的这两个月，我一直在思考，我觉得我还是很爱你的，其实我也是在给你思考的时间，你觉得你和志摩真的相配吗？”等了一会儿，见陆小曼不言语，王庚的心里已经有数，于是对陆小曼说：“看来你心意已决，那么我也不再阻拦了。”

虽然陆小曼一直在等王庚这句话，可是当这句话真的说出来的时候，她的心也是有些难受的。王庚继续说道：“其实我很自私，也可以说是很封建，我一直都觉得，你既然成为了我的妻子，就必须听我的，可这两个月我想通了，既然你的心已经不在我这，我又何必强留你在身边？”

小曼哽咽了，即使没有爱，还是有恩情在的。她突然想起了昔日里王庚对自己的好，她不是个没心的人，只是他的态度一直不怎么好。见小曼哭了，王庚有些不忍，劝慰道：“你别哭，你和志摩都是艺术型的人，肯定能意气相投，我祝你们幸福。”

8. 深沉的爱：王庚的一路失意

爱情的悲剧往往会影响到一个人的事业，甚至会毁掉一个人。很多人都说是陆小曼一心想要嫁给徐志摩，结果葬送了王庚的终生幸福。

自从和陆小曼离婚之后，王庚就开始走下坡路。他接到离婚协议书的时候正在监狱里。当时王庚代表北洋军阀到上海购买军火，对方是白俄，他把购买军火的款项交给白俄之后，白俄却携款失踪，北洋政府前来查办此事，直接将王庚关押审问。可想而知，当时正在狱中的王庚拿到离婚协议书时有多么凄凉。

关于王庚和陆小曼离婚后是否婚娶有两种传言：一种是终身未娶，于 1942 年死在埃及开罗；还有一种是多年之后经人介绍，和一个小自己三十多岁的广东陈姓女子结婚，婚后两人的感情十分平淡，没有多少言语交流，王庚工作，她就在身旁安静地做针线活。他们生下了一对儿女，他死后，女人改嫁，孩子由弟弟王序抚养。

和陆小曼在一起的时候，王庚不是不爱她，而是不知道该如何爱她。王庚虽然是个好人，可并不是个好的爱人，他的性格决定了他不该选择那种追求浪漫的女人，而是应该选择一个温柔贤淑、耐得住寂寞的女子。当时和陆小曼成亲，一半是封建包办婚姻制度的沿袭所致，还有一半就是他自己的性格和野心所造成的。

1942 年，第二次世界大战爆发，中国国民政府派遣一个军事代表团到美国访问，王庚参与其中，途中却因为肾病发作而住进埃及开罗盟军医院，只可惜这一病就再也没能站起来，死后葬于二次世界大战外籍兵团公墓，墓碑上写着“鞠躬尽瘁”四个大字，那一年，他才只有四十七岁，本该意气风发的年纪却落得这样的下场。

母校普林斯顿大学对他的评价很高：“王庚的一生是诚实、正直和爱国的。他给西点带来荣誉。1915 年的同窗就知道这是确实的，而且关于他还应有更多的话可以说。他确实是 1915 级可以引以为骄傲的一员。”

他是一名合格的军人，为人豪迈，却容易意气用事，陆小曼像摆脱瘟神那样想摆脱他，即便那个时候她已经怀了王庚的骨肉，希望陆小曼可以生下孩子再说，可陆小曼却担心孩子出生之后婚就离不成了，毅然决然去堕胎。在当时，堕胎是非常恶劣的，陆小曼却为了爱情什么都不要了。

这次手术给陆小曼带来了严重的后遗症，导致她不能再生育，而且得了严重的妇科病。被病痛折磨得生不如死的小曼还染上了大烟瘾，可见为了这段感情，小曼也是付出了惨痛的代价。

有人问王庚为什么这么轻易地放手，成全了别人，王庚却说，他爱陆小曼，就希望她能幸福。话虽如此，伤感确实溢于言表。他还警告徐志摩："我们大家都是知识分子，我纵和小曼离了婚，内心并没有什么成见；可是你此后对她务必始终如一，如果你三心二意，给我知道，我定会以激烈手段相对的。"据说，志摩去世后，王庚曾探望陆小曼，屋里暗沉得很，床上躺着陆小曼，他拉开窗帘，说："房间搞得这么暗，不通气，没病的人也要生病。"就这么坐了一会儿就离开了，没打扰她睡觉。其实陆母曾有意让两人再续前缘，只是被陆小曼婉拒，一心为志摩守寡。

王庚对小曼那深沉的爱不由让人流下眼泪来，他的爱是大爱，而女人想要的往往是小情小爱，是最普通的疼惜、依赖和占有。

9. 才子佳人：甘之如饴的婚姻

陆小曼离婚的时候，徐志摩还没得知这个消息，而且当时小曼的身体也不好。等她的身体恢复之后去找志摩，却没找到。

9月底，志摩回到北京，受众朋友委托，接办《晨报副刊》，并任北京大学教授。10月1日，志摩接编《晨报副刊》。10月5日，在《迎上前去》这篇著名的接编宣誓词中，他表明自己是怎样一个人，要办怎样一份报 ：“这回我不撒谎，不打隐谜，不唱反调，不来烘托 ；我要说几句，至少我自己信得过的话，我要痛快的招认我自己的虚实，我愿意把我的花押画在这张供状的末尾。我要求你们大量的容许，准我在我第一天接手《晨报副刊》的时候，介绍我自己，解释我自己，鼓励我自己……”

在这篇文章中，他一再告诉读者自己是怎样的人，他说 ：“我是一只没笼头的野马，我从来不曾站定过。我人是在这社会里活着，我却不是这社会里的一个，像是有离魂的病似的，我这躯壳的动静是一件事，我那梦魂的去处又是一件事。我是一个傻子，我曾经妄想在这流动的生里发现一些不变的价值，在这打谎的世上寻出一些不磨灭的真，在我这灵魂的冒险是生命核心里的意义 ；我永远在无形的经验的巉岩上爬着……冒险、痛苦、失败、失望，是跟着来的，存心冒险的人就得打算他最后的打击，我的头是流着血，但我的脖子还是硬的 ；我不能让绝望的重量压住我的呼吸，不能让悲观的慢性病侵蚀我的精神，更不能让厌世的恶质染黑我的血液。厌世观与生命是不可并存的 ；我是一个生命的信徒，起初是的，今天还是的，将来我敢说也是的。我决不容忍性灵的颓唐，那是最不可救药的堕落，同时却继续躯壳的存在；在我，单这开口说话，提笔写字的事实，就表示后背有一个基本的信仰，完全的没破绽的信仰；否则我何必再做什么文章，办什么报刊？”

小曼爱的就是这样一个真挚、勇敢的斗士，被他做人的信仰和热情深深感染，他是一个真正的男人，不是世俗金钱的奴隶。志摩的心如同玉石般坚韧，他有高尚的追求，没有奴颜，只为自己的信仰和真心活着。

直到在《晨报》副刊看到徐志摩的一篇《迎上前去》，小曼这才终于找到志摩。两人相见时，蒋复璁和张慰慈也在场。蒋复璁是徐志摩的同乡，两人都是海宁硖石人；张慰慈是吴江人。蒋是江南著名藏书家蒋光煦的曾孙，1923年毕业于北京大学哲学系，1965年任台湾“故宫博物院”院长，曾精印经过复制的历代书法名画，而且主持影印出版《四库全书》。张慰慈早年留学美国，哲学博士，是中国政治学研究的先驱者，在政治学领域的地位很高。当陆小曼告诉徐志摩自己是自由身时，徐志摩竟然高兴地跳了起来，着实吓到了两个旁观者。

徐志摩前往小曼家，张歆海和张慰慈都在。当时张歆海对小曼说：“恭喜你自由了。”小曼说：“我要结婚了。”这次的结婚可是自己寻的良婿。

经历这件事，陆小曼的名声更大了，以前不过是上流社会的名媛，如今却是海内外的名人了。当时好莱坞电影公司汇来五千美元（在当时算是巨款了），请她去拍电影，可自幼锦衣玉食的陆小曼对钱根本没有概念，直接拒绝，美元原数退回。

1926 年 8 月 4 日，农历七夕。陆小曼、徐志摩迫不及待地走向婚姻的殿堂。历经千辛万苦、艰难险阻，当真是一生一世一双人。地点定在北海董事会，两人举行了隆重的订婚仪式。据梁实秋记载：那一天，可并不静，衣香钗影，士女如云，好像有百八十人的样子。也许正因为有人反对他们的恋爱，他们才刻意布置了浩大的场面，邀请来众多的人士，既是庆贺，也是对他们婚姻的承认，可见用心良苦。当然更重要的原因在于小曼，她是北京城最有名气的名媛，结婚时震动四方的场面必须有，更何况她是二婚，要比前一次还风光才能交代得了社会。这一点，她是一定要讲究的，这是面子。

订婚之后就是结婚，陆小曼的母亲对前来提亲的胡适提出两点要求：一徐志摩要请梁启超当证婚人，二要在北海公园图书馆礼堂举行婚礼。

梁启超是徐志摩的恩师，地位很高，由他证婚可以让两人结合后的地位更加稳固；在北海公园图书馆礼堂举行婚礼，是把公益大场合挪为私用，这也是史无前例的。不过这两件事胡适都办得很妥当。

刚办完陆小曼这边的事，徐志摩又开始哀求胡适去见自己的父亲，陆小曼也开始求胡适：“先生，不是我老脸皮求人，求你在爹娘面前讲情。因为我爱摩，亦须爱他父母，同时我亦希望他二老爱我。我受人的冷眼亦不少了，我冤的地方只有你知道。”

徐志摩的父亲一开始就不愿意儿子和陆小曼交往，先是无情地抛弃结发妻子，之后又是和朋友之妻勾搭在一起，儿子的一系列行为早就让他急火攻心，这次更是铁了心不接受这个“红颜祸水”。

胡适拗不过志摩和小曼的哀求，只好来到徐父家中，结果铩羽而归。徐志摩只好亲自去见父亲，请求成全自己和小曼。父亲却说，想结婚可以，但必须得到张幼仪的同意。

徐父之所以这么坚持，是以为在他心里，张幼仪是个聪明贤惠、孝顺能干的好儿媳。自从十六岁嫁给徐志摩，就一直一切事以志摩为重。可志摩呢？一直待她很是冷淡。他们一起住在英国乡下的那段时间，徐志摩每天早出晚归，回家却和妻子一句话都没有，因为此时的他正热恋林徽因。后来与自己离婚，更是不念半点夫妻情分。

但是这一次，徐志摩等她点头的时候，她却从德国飞回来了，对徐父说：“我不反对。”继而补充道，“我对陆小曼没有敌意，她和徐志摩之间发生什么事是他们的事，我已经和他离婚了。”

听了幼仪的回答，徐父难过起来，把头一撇，一副对她失望的样子。从他的反应来判断，张幼仪猜他一直把她当作说服志摩痛改前非的最后一线希望。徐志摩高兴得立刻从椅子上跳起来尖叫，乐不可支，忙不迭地伸出手臂，如同在拥抱整个世界，没想到玉戒从开着的窗子飞了出去。徐志摩的表情当时变得惊恐万状，那是小曼送他的订婚戒指。总算过了幼仪这一关，志摩高兴得发狂。大概在志摩心中，张幼仪才是最难过的一关。

多年后，志摩已化作一抔黄土，有人问张幼仪是否爱徐志摩，她却回答说："你总是问我，我爱不爱徐志摩。你晓得，我没办法回答这个问题。我对这个问题很迷惑，因为每个人总是告诉我，我为徐志摩做了这么多事，我一定是爱他的。可是，我没办法说什么叫爱，我这辈子从没跟什么人说过'我爱你'。如果照顾徐志摩和他家人叫作爱的话，那我大概是爱他的吧。在他一生当中遇到的几个女人里面，说不定我最爱他。"

徐父见张幼仪表态，只得答应这门婚事，条件是结婚费用自理，家里不管；婚礼必须由胡适做介绍人，梁启超证婚；婚后南归，安分度日。

1926 年 10 月 3 日，农历八月二十七，婚礼举行。

徐志摩和陆小曼结婚的时候给王庚送了喜帖，王庚也送上了贺礼，上面写着："苦尽甘来方知味。供小曼玩。受庆王庚。

婚礼的伴郎是金岳霖，胡适因为在国外没能前来，徐父徐母也没来，但还是表示需要钱可以汇来。陆小曼因为心里紧张，晚上吃了安眠药，结婚的时候还昏昏沉沉的，被搀到了礼堂。原本按惯例礼成即可，却没想到梁启超在婚礼上对二人劈头盖脸地训斥了一番：

“我来是为了讲几句不中听的话，好让社会上知道这样的恶例不足取法，更不值得鼓励——徐志摩，你这个人性情浮躁，以至于学无所成，做学问不成，做人更是失败，你离婚再娶就是用情不专的证明！

“陆小曼，你和徐志摩都是过来人，我希望从今以后你能恪遵妇道，检讨自己的个性和行为，离婚再婚都是你们性格的过失所造成的，希望你们不要一错再错自误误人。

“不要以自私自利作为行事的准则，不要以荒唐和享乐作为人生追求的目的，不要再把婚姻当作是儿戏，以为高兴可以结婚，不高兴可以离婚，让父母汗颜，让朋友不齿，让社会看笑话！

“总之，我希望这是你们两个人这辈子最后一次结婚！这就是我对你们的祝贺！我说完了！”

在场宾客都为梁启超的一席话感到震惊，徐志摩和陆小曼更是满脸的羞容。第二天，梁启超就给梁思成和林徽因写信：“徐志摩这个人其实聪明，我爱他，不过这次看着他陷于灭顶，还想救他出来，我也有一番苦心……我又看着他找得这样一个人做伴侣，怕他将来痛苦更无限，所以对于那个人当头一棍，盼望她能有觉悟（但恐很难），免得将来把志摩弄死，但恐不过是我极痴的婆心便了。”

徐志摩到底是个尊师重道的人，第二天带着陆小曼到梁家致谢。不管怎么说，两人历尽千难走到了一起，也算是花好月圆。

第六章 围城怨：不一样的理想与现实

1. 婚后的你侬我侬

大概真是当局者迷，旁观者清。志摩和小曼真的被爱情冲昏了头脑，完全看不到两人之间的问题所在。每一个决定都要付出相应代价，爱情、婚姻也是如此。从志摩不顾一切地爱上小曼时，一切的欢乐和痛苦其实就早已注定。王庚被迫离婚，十分痛苦，双方父母也都非常寒心。然而最初痛苦的是王庚，到后来志摩和小曼也在婚姻中渐渐感受到了痛苦。“婚姻是爱情的坟墓”，难道这句话真定格了每一段爱情吗？包括那些轰轰烈烈、曾生死相依的爱情？

志摩非达官贵人，也非富商大贾，最多只能算个家境优渥的诗人，在旁人看来，志摩应该找一个贤惠的妻子，张幼仪就该是他的良配啊。可志摩是个热情的人，他找妻子是找爱，而并非传统意义上的贤妻。小曼是那么妩媚，那么可爱，虽然喜欢挥霍，虽然有许多不良的生活习惯，可志摩坚信，凭借小曼对自己的爱，日后通过一定的调理，小曼肯定会变成自己希望的那类女人。

有人觉得，像志摩这样的文人、教授，理想妻子应该是凌叔华或韩湘眉那样有学问、有教养的女人，能教书、办报、写文章，还能相夫教子，把家里上下打理得妥妥当当，上得厅堂，下得厨房。再不济，也该找个像胡适夫人那样的旧式女人，虽然没什么学识，但贤惠娴静，可以把男人伺候得舒舒服服，让男人安心奔功名、求事业，毕竟每个成功的男人背后，都有贤内助啊。在当时，文人、学者的妻子大多是知识女性。可志摩和普通人的理念不同，他求的并非现实，而是浪漫。总之，普通男人心目中理想的夫人——能在精神和实际生活中助男人成功，能吃苦，能牺牲，以男人为中心，围着男人转，需要的时候首先牺牲自己，成全丈夫的女人，并不是志摩想要的。

而且显而易见，小曼完全不符合上述标准。所以除了胡适、金岳霖等少数朋友外，大多数朋友都觉得徐志摩是在胡闹，是发了爱恋狂，是个神经病，日后有的受了。陆小曼这样的女人最适合做官太太，因为她的虚荣心很强，要满足她，根本不是小富小贵所能做到的。陆小曼做王赓的太太就很合适，有名有实。只可惜小曼并不满足，这既是小曼不理性的地方，也是她吸引志摩的地方。

小曼的母亲说，志摩和小曼互相害了对方，互为因果，这是知情者的中肯之语。小曼的母亲毕竟是一个经历过风雨沧桑、读过圣贤书、相夫教子一辈子的女人。她明白男女之间的相处之道，虽然陆曼华是个旧式女人，可同时也是个聪慧的女人。事物的本身就处在不断变化之中，万事皆在变，可唯有一样东西根深蒂固，雷打不动，那就是人的性格。

小曼的性格从小就是如此，从未改变过。一时的爱情虽然可以让她收敛自己的脾气秉性，可日子久了，那些潜藏起来的坏习惯就会逐渐浮出水面。到那个时候，恐怕就是爱之深，责之切。小曼的母亲早就料到了那一天，小曼和志摩之间的问题早晚有一天会爆发出来，可她仍然希望女儿的这次婚姻可以像期盼中的那样美好。

志摩 31 岁了，却从未真正拥有过一个女人，虽然他早在十年前就结婚了，可他并不爱那个女人。徽因是他理想中的爱人，但是他没那个福气娶进门。只有小曼才是他爱、爱他，他也能得到的女人。一个情感丰富、热烈的诗人，到了 31 岁才有了自己喜欢，属于自己的女人，他怎会不珍惜？拥有小曼是他最大的满足，是他人生的成功。

1926 年 10 月，志摩和小曼正式结婚，随后依父母之命南下。在途中，志摩感慨地写道："身边从此有了一个人，究竟是一件大事情，一个大分别；向车外望望，一群带笑容往上仰的可爱的朋友们的脸庞，回身看看，挨着你坐着的是你这一辈子的成绩、归宿。这该你得意，也该你流出眼泪，前途是自由吧？"

此刻的志摩和小曼的眼里满是幸福，现在，他们已经可以毫无避讳地依偎在一起，这是他们经过千难万难后的结果，他们成功了，他们的爱情可以光明正大天荒地老了。他们此刻是世界上最幸福的人，他会成为小曼引以为豪的丈夫，而且一如既往地疼爱小曼、关心小曼。时间可以消磨人的热情，却丝毫也不能伤害他们的感情。这是志摩对小曼的许诺，也是他作为一个男人的承诺。

夜里，小曼常常独自醒来，看看身边这个男人，心里会踏实很多。这就是小曼要的生活，有一个爱自己、懂自己的男人，每天陪伴在身旁。她知道这个男人不会因为工作而冷落自己，不会让自己饱尝孤独的滋味。此刻的他们，如神仙眷侣一般，这样的生活，没人不贪恋。

刚结婚那几天，他们一直忙着答谢曾经帮助过他们的朋友们。志摩和小曼逐一拜访他们，以表达自己的谢意。特别是胡适，他就像是志摩的亲人一般，只要是志摩的事情，他都会全力以赴。当他看见这对新人的时候，他表示祝贺，本想祝他们有情人终成眷属。可他们两个都是二婚，再加上小曼和王庚的事情，所以胡适希望他们可以珍惜彼此，做一对要好的夫妻，不要让世人看了笑话。志摩和小曼都表明了自己的立场，他们知道两个人走到今天这一步有多么的不容易，他们一定会好好生活，做一对恩爱夫妻，直到永远。这是他们两个的承诺，也是他们的真心。

志摩对小曼非常用心，总是嘘寒问暖，时刻注意小曼的情绪。虽然小曼从小娇生惯养，但见志摩如此用心，小曼还是非常感动，以前所受的煎熬、痛苦都已经不重要了，现在身边的这个男人能够弥补一切的缺憾。

和志摩在一起，小曼常常有种说不出的亲切，她不会害羞，不会不好意思，有什么话、什么要求都会直接诉与他。志摩总是把小曼的要求当成圣旨一般对待。她喜欢吃的、习惯用的，志摩都会一一置办齐全。

小曼经常依偎在志摩怀里撒娇，志摩年长小曼几岁，他既是小曼的丈夫，又将小曼当成妹妹一样呵护。爱情甜蜜时，男女之间就是如此，往往分不清究竟是爱情还是亲情，彼此你侬我侬，早已忘却旁人。新婚宴尔，心情自然十分舒畅，他们两个人的新房中时常会传出银铃般的笑声。志摩是个浪漫诗人，很会讨好女人，小曼是他的妻子，他更是不遗余力讨她欢心。小曼就这么沉浸在志摩的爱情中，似乎连周围的空气都带着馨甜。

志摩和小曼都有自己的宝盒，他们把宝盒打开，不禁相视一笑，原来这些都是他们之间来往的书信与赠送的东西。现在念起来仍有些心动，小曼撒娇让志摩亲口念给她听，志摩也有些不好意思了，当时不过是一气呵成，没想到如今再读起来竟然那么强烈。不过志摩仍然按照小曼的意愿读起了那些曾经的情书。

良辰美景，一对佳偶就这样沉寂在这种美好的氛围中。志摩知道小曼有绘画的天赋，于是开始鼓励小曼：“眉啊，女人应该有自己的情趣，自己的志向，这才是新时代的女性。”“眉，你有这样的实力与气质，何不将你的天赋全数发挥出来，岂不是一桩美事。”小曼觉得志摩的话很有道理，既然志摩说自己这样做是对的，那么自己就要全心全意地去做。

当时的小曼已经被志摩的柔情俘虏，她失去了自我，对社交场所不再感兴趣，只想着可以一辈子与志摩相守，不受外界的影响。但与世隔绝又岂是那么容易的。人生在世，注定要与形形色色的人打交道。想把自己隔绝起来几乎是不可能的。

小曼和志摩的甜蜜日子让人羡慕，刚结婚的日子是小曼和志摩最幸福的时刻。志摩拥着小曼，不禁在内心感叹，抱着如此伊人，即便是死，这辈子也再无遗憾了。此生能拥有小曼，是上天的恩赐。只是两个人都没有意识到，这幸福甜蜜的背后，还隐藏着危机和灾难，没有人能料到。

2. 我的眼中只有你

美丽的风景，甜蜜的生活，小桥流水人家，烟雨朦胧醉色。由北向南，一路美景，真是让人眼花缭乱。一切景色似乎都透着一股诗情画意，让人不禁迷惘。

一路行来，美景入眼，心却只装着你，美景的颜色渐渐模糊，你在心里的位置却是渐渐牢固。

新婚之后，小曼跟随徐志摩从京城出发到江南的一个名叫硖石的小镇完婚并拜见公婆。小曼被一路的美景吸引，她像个快乐的孩子，一直喋喋不休地对志摩讲着自己的感受。小曼说自己从未有过这样快乐的时光，感觉好轻松，没有压力和束缚，好久都没有这样的心情。志摩给了小曼重生的机会，志摩就是小曼的全部。

小曼紧紧地抱住志摩，害怕他就像一阵风，一场梦。梦醒时分，醒来却发现只有自己一个人。志摩安慰小曼不要胡思乱想，要珍惜现在的幸福。他们能在一起实在太不容易了，历经了多少挫折和苦难，至今不敢回想，生怕幸福经这一假设便又是黄粱梦一场，眨眼就不见了。人总是这样的，越是幸福到极致，就会越患得患失。

小曼是个典型的新潮人物，可无论她接受过多少新思想，为了自己心爱的人，赢得公婆的喜欢，还是非常有必要的。爱屋及乌是一种爱情的情绪，更何况是爱人的父母，必须要表现出亲人般的爱戴。

其实来的路上，小曼的心里还是有点害怕，她担心志摩的父母不喜欢她这样一个女人。可志摩却安慰小曼，我的父母疼爱我超过自己，我爱的人他们一定会喜欢的。小曼心里充满了担忧，她希望他们能喜欢她，她愿意放下自己的架子，讨他们的欢心，她相信自己能令公婆满意。小曼说“以后日子中我们的快乐就别提了，我们从此走入了天国，踏进了乐园……一同回到家乡，度过了几个月神仙般的生活。”

能够与爱人相依相伴，乃人生最大的乐事。志摩心目中的女神，就是小曼这样的女人。思想新潮，博古通今，多才多艺，还能理解他作为诗人的浪漫情怀和抱负，不必对他百依百顺，那样的女人如同花架子一般没什么意思。但是必须和他有共同思想，脑中无物的女人，志摩是没有丝毫兴趣的。小曼和志摩心中的形象完全吻合，志摩的心被小曼深深地吸引。

志摩也是小曼心目中的理想男人，懂得浪漫，明白女人的心，对自己的照顾可以说是无微不至。这样一个男人，自己还有什么不满意的。志摩和王庚最大的区别就是，志摩永远把她放在第一位，名利于他而言不过外物，他只做自己喜欢的事业。身上没有丝毫的铜臭味，虽然这是志摩的优点，但是和小曼在一起之后，这却成了他致命的缺点，这便是人生，变数时刻发生着。

此刻的小曼和志摩觉得他们就是这个世界上最快乐的人儿。什么闲言碎语，什么世俗道理都已经变成了遥远的声音。志摩和小曼拥有彼此，真切地感受到对方的存在。爱情走到现在已经完满。他们现在要做的就是要将自己的爱情升华，把这份圣洁的爱融入两个人的生命里。美丽的风景，世间万物开始锦上添花，变得更美了。

他们先到了上海，住在上海新新旅馆，一个很普通的旅馆。这个普通的地方也成为他们的浪漫驿站，一份不可或缺的回忆。志摩独自回到硖石，看新房施工情况。小曼一个人待在旅馆，她就像普通的妻子一样，等待着自己的男人回家。小曼现在的状态丝毫没有名媛的样子。俨然一副贤妻良母、温柔妻子的模样，没有女人不懂柔情，只是女人的本性只有在遇上心灵深处的那个人才会慢慢展现出来。在志摩的眼中，小曼越发美丽了。志摩告诉小曼，你就是我今生的宝藏，用什么都换不走。

志摩看完新房的施工情况后，很快就回到上海，因为他太思念小曼了，现在他已经离不开这个小女人了。他与小曼移住到朋友吴德生家暂住。吴德生对志摩和小曼十分好，一切都照顾有加。在吴家的这段时间虽然是寄居，总有一些不便。但是生活得还是很好，衣食方面的事情，吴家料理得十分周到。志摩与小曼住了一段时间后，志摩征得小曼的同意，前往老家硖石看望自己的父母。这是他们结婚后的头等大事，因为志摩的父母没有参加他们的婚礼。志摩与小曼拜别吴德生，开始踏上了前往硖石的路途。

志摩带小曼回硖石，一是为了带着新婚妻子履行拜见父母的仪式；二是尽儿子的孝道；三是为了讨父亲的欢心；四是想清静地过一段田园风光的生活，写些诗。小曼非常支持志摩的想法，毕竟自己想过上简单、幸福受到家人祝福的生活。志摩的父母以后就是自己生活中不可缺少的人。小曼想做个讨公婆喜欢，孝顺的儿媳妇，她不想枉费志摩对自己的情意。志摩也是个非常孝顺的人，信奉百善孝为先的古语。志摩告诉小曼这次他们的婚礼已经伤了二老的心，此次回家，万万不可再让他们操心了。

小曼心疼志摩，所以小曼下定决心要放下自己所有的大小姐脾气，做个贤良淑德的女人。她暗暗下定决心要和以前的自己告别，以前是年少无知，现在已经做了别人的妻子，就要守妻子的本分。和王庚的婚姻让她成熟了不少，她也学会了很多礼数。小曼告诉志摩，她一定会尽力让两位老人高兴，她让志摩不要担心，她相信自己有这样的实力。

3. 硖石的短暂蜜月

徐志摩和陆小曼终于可以不受任何阻挡好好相爱，开始幸福的生活了。王子和公主终于走进美丽的城堡，带着所有人的期望开始神仙眷侣般的生活。

徐志摩心情舒畅，“身边从此有了一个人——究竟是一件大事情，一个大分别；向车外望望，一群带笑容往上仰的可爱的朋友们的脸庞，回身看看，挨着你坐着的是你这一辈子的成绩、归宿”。

小曼和徐志摩终于来到硖石。下车之后，志摩拉着小曼的手，两人一起往回家的方向走，边走，志摩边对小曼讲硖石的典故，小曼听得入了迷，没过多久，她就爱上了这个江南古镇，这里简直就是自己和志摩的世外桃源。

很快，他们就走到了硖石干河街，家人远远地就望见了徐志摩，立刻向内里跑去，和老爷、夫人禀报，他见陆小曼很是沉静，内心也觉得欣慰。管家家麟立刻跑上前来，问怎么没让人去接，陆小曼赶忙回应道：“老人家好，志摩常常跟我念叨您呢。”陆小曼一向待人亲和，不摆架子。

徐老太爷和钱氏早就坐在了客厅中间的红木太师椅上，也想看看自己儿子选的女人是什么样子的。刚进门，徐志摩就拉着陆小曼向父母介绍，小曼赶紧行礼，钱氏赶忙让小曼别多礼。二人见小曼清新秀丽，举止得体，对她的第一印象还是很不错的。

志摩和小曼住进了这栋专门为两人建造的新婚住宅，楼上共有二十余间卧房，两个浴室，两人住在东侧，卧室中间有一张铜床，薄绸轻帐，粉红色的家具，壁炉旁挂着梁启超的手书，卧室和书房相通，书房里摆着红皮木架沙发、藤椅和小曼的梳妆台。志摩因小曼又名小眉，所以为其取名“眉轩”。门前五开间，种着各色的花草树木，楼后屋顶露台是个观望的好去处，视野开阔。

小曼生得娇艳，志摩写信给张慰慈说：“乡下人看新娘子那还了得，呆呆的几十双眼，十个八个钟头都会看过去，看得陆小曼那窘相，你们见了一定好笑死……每天九点前后起身，整天就只管吃，晚上八点就往床上钻，曼只嚷冷，做老爷的有什么法子，除了乖乖地偎着她，直偎到她身上一团火，老爷身上倒结了冰……”言辞之中无不透着恩爱，妥妥的羡煞旁人。

吃晚饭时，小曼只吃了半碗饭，对志摩说：“志摩，你帮我把这碗饭吃了吧。”徐母见那碗饭已冷，心中不悦，徐父则皱着眉头。吃过饭，小曼又娇滴滴地对志摩说：“志摩，抱我上楼吧。”徐父的眉头皱得更深，后来徐母向张幼仪抱怨：“一个成年女子，居然让我儿子抱着她上楼，她都没有缠过脚。”

小曼似乎对二老的脸色全然不知，一段时间以后，徐氏夫妇越来越看不惯这个儿媳妇，他们就这么一个儿子，原本家中大小事务都由张幼仪打理，如今张幼仪走了，徐父想让小曼管账，志摩却说小曼怕数字，管不了钱。徐父不高兴了，身为商人家庭，管钱是最基本的，真不知道娶这个儿媳妇干什么用。

没过多久，徐氏夫妇做出了第二件让小曼难堪的事，他们居然搬到张幼仪那去了。徐氏夫妇希望儿媳妇能担得起家，成为儿子的左膀右臂，而小曼却一心只想要自由。她没做过旧时的儿媳妇，不知道毕恭毕敬，道早安晚安，吃饭先请公婆动筷子。她只是觉得没有自己的私人空间，很是憋屈。一边是志摩的热情，另一边是公婆的冷眼，她着实委屈，曾对王映霞抱怨过：“徐家公婆把志摩与幼仪的离婚，归咎于我，这是天大的冤枉。他们离婚是在1922年，我与志摩相识于1924年，其间相隔两年，他们的事完全与我无关，但他们对我不谅解，公公视我如仇人……我以最大的勇气追求幸福，但幸福在哪儿呢？是一串泡影，转瞬之间化为乌有。”

期间，徐父也曾尝试着对这个儿媳妇好点，1928年，徐志摩去欧洲讲学，小曼独自住在上海，徐父心疼自己儿子因儿媳的挥霍终日劳碌，写信劝小曼回家同住，但小曼却没有理睬，让徐父难堪，从那之后，徐父再没和小曼说过一句话，每次她来家中问候，徐父都会立刻躲开。几年后，志摩的母亲去世，徐父仍然不让小曼上门，两人之间竟似有血海深仇一般。

公婆离开去了丈夫的前妻家里，这对于陆小曼而言是个沉重的打击。没过多久，她就得了肺病。志摩写信给刘海粟说：“曼日来不爽健，早晚常病，以此生愁。天时又寒，令人不欢。”过了很长一段时间，小曼才从病愁中恢复过来。没了二老的监督，小曼反而觉得轻松了许多，她和志摩二人在别致的宅院中吟诗作赋，登高望远。和志摩在一起，原本爱热闹的小曼也开始享受“静”了。她在《志摩诗选·序》中写道：“在新婚的半年中我是住在他的家乡，这时候可以算得是达到我们的理想生活……就是这样一天天地飞过去，不到三个月就出了变化……”

4. 情到深处化泪珠

小桥流水、田园静谧的生活已经不再了，那个时候的安静悠然也已变成了惆怅。你的身影依然，可你真的还是当初的你吗？爱情和现实的斗争，自古都是如此惨烈。志摩是个浪漫主义诗人，他憧憬的爱是虚无缥缈的爱，最好永远处于可望而不可即的境地，一旦和心爱的女友结了婚，幻想泯灭了，热情没有了，生活就变成白开水，淡而无味。

小曼也觉得："志摩对她不但没有过去那么好，而且干预她的生活，叫她不要打牌，不要抽鸦片，管头管脚，她过不了这样受拘束的生活。她现在就像是笼中的小鸟，她很苦恼，她要飞，飞向郁郁苍苍的树林，自由自在。"

矛盾开始渐渐浮出水面，他们这次的硖石之旅，仅一个月的时间，志摩父母就因为看不惯小曼的行为做派，愤而出走。这就是小曼后来说到的不到三个月就出了变化，他的家庭中，产生了意想不到的纠纷。

志摩无法忍受父母受到这样的打击。有时候暗自自责，都是因为自己盲目的爱情，才让已经这般年纪的父母离家出走。志摩理解老人的心，他知道，他们是在心疼自己，希望自己能过上幸福的生活，一定是自己和小曼让他们失望透顶了。

志摩仍然深爱着小曼，他们的爱情从未发生改变。只是现实让他们的爱情变得脆弱，打着爱情的旗号走到一起的人，一旦遭遇到残酷的现实，褪去爱情表面美丽的泡沫影响，一切都是那么的让人难以接受，将如何继续？志摩坚持自己的爱情，即使遇到现实的阻力，他也要继续下去。他们已经没有任何退路，只能这样爱下去。小曼沉寂在志摩为她营造的安逸氛围之中，根本没有感受到危机。她仍然随性地生活着。

从这时开始，志摩父母对小曼再没有好感，他们和小曼的关系已经雪上加霜。徐申如夫妇离开硖石时太匆忙，没有安排志摩夫妇的日用花销。也许是因为受够了陆小曼什么都要高档的外国货，不愿意在经济上支持她的这种奢侈、挥霍，故意不给他们钱财。

没过多久，北伐军发起江浙战争，占领杭州，波及硖石，志摩和小曼只好赶往上海，结束了神仙眷侣般的生活。

当时徐家已经把家分作三份，张幼仪可以从家族生意中每月支取 300 元，但志摩夫妇好像从未拿到过这笔钱，这显然是徐申如的有意控制。所以当志摩夫妇仓促逃离硖石时，竟没有路费，也无权从家族公司中支款，这些恐怕都是朝着小曼来的。志摩不得已向舅父沈佐宸借款才完成此行。

经济方面的压力加速了小曼和志摩之间矛盾的激化。小曼难改挥霍的习性，失去了父母的支持，巨大的经济压力就落在了志摩的肩上。小曼是个骄纵惯了的人，只要有施展的机会，她便一个都不肯放过。志摩一直默默地为这个娇贵的女人买单，从未有半句怨言。

其实小曼也是爱志摩的，只是她的天性就是如此，改变不了。她需要鲜花簇拥的生活，不进入舞池，挥洒自己的舞姿，她觉得活着就失去了意义。她本以为志摩那么疼爱自己，一定会支持自己的生活，至少志摩不会阻拦自己享受快乐。她想两全其美，既得到志摩的爱情，又能活跃在社交圈里。这就是小曼理想中的完美生活，可这世间，哪有那么多十全十美的事情。有时候必须要做出选择，要知道，鱼和熊掌不可兼得。

两人一路奔波到上海之后，他们的经济状况更加糟糕。先是住在通裕旅馆，一家普通客栈，生活很不方便。为了舒坦一点，随后搬到宋春舫家。这的确是没有办法的办法，他们的经济状况的确不好，到了捉襟见肘的地步。在上海没有现成的房子，一时间又找不到合适的租用。就在那个客栈里凑合，小曼和志摩都受了些苦。两人都是大家出身，特别是小曼，一直过着锦衣玉食的生活，从未体会过什么是落魄。住在这样的小旅馆里实属无奈，一切都是为了志摩。当小曼因为这样的生活发脾气时，志摩总是耐心地抚慰她，告诉她一切都会好的，让小曼再坚持一段时间。

没搬家之前，志摩在给幼仪的信中说："知道你们都好，尤其是欢进步很快，欣慰得很。你们那一小家庭，虽是新组织，听来倒是热闹而且有精神，让我们避难人听了十分羡慕。你的信已经收到，万分感谢你，幼仪，妈在你那里各事都舒适……我不瞒你说，早想回京，只是走不去，没有办法。我们在上海的生活是无可说的……破客栈里困守着，还有什么生活可言。日内搬至宋春舫家，梅白路六四三号，总可舒坦些！"

张幼仪是徐志摩的结发妻子，离婚之后，两人之间还是有一些亲情在的。当初志摩执意要和小曼结婚时，幼仪没有反对。因为幼仪并不是站在前妻的立场去看待这个问题的，而是站在朋友、家人的立场看待这桩婚事。既然志摩这么执迷不悟，一定深爱着那个女子，一辈子遇上真爱其实也很不容易。于是她摆明了自己的立场，因为她了解志摩的为人，即使当时她反对，志摩仍然会执意迎娶小曼的。幼仪看了志摩写的信，心中不禁有些酸楚，她不知道志摩这次娶的女人能否带给他幸福。

5. 理想和现实

小曼整天想着怎么让生活更滋润一些，她喜欢的是唱戏和跳舞，而志摩却想让她成为一个画家或作家。志摩因为小曼不听自己的话，不做功课，不和他静静相守，过理想、安静的生活而烦恼。此时，他们开始因为情趣的不同而有个裂隙。这条裂缝一时之间无法改变，只能任由他们之间的感情自由发展。

小曼是个喜欢热闹的人，她最无法忍受的就是寂寞，她喜欢男人的陪伴，男人的宠爱。她和王庚离婚就是因为王庚让她感受到了婚姻生活的孤寂。所以，没过多久，小曼就有了非常默契的知己翁瑞午，陆小曼的身边，总是不乏大献殷勤者。志摩不情愿做的事，自有人情愿代劳，就像当初他代劳王庚陪陆小曼玩一样。翁瑞午是陆小曼生活中出现的第三个关键人物，他几乎伴随着她与志摩婚姻的始终。

志摩在上海生活的那段时间一直不怎么愉快，从志摩的日记中就能看出来，他一直饱受煎熬。12 月 28 日志摩写道："投资到美的理想上去，它的利息是性灵的光彩，爱是建设在相互的忍耐与牺牲上面的。"他需要的是性灵的光彩，所以他要投资到美的理想上去，但是他逐渐发现爱情并不是单纯的美，在爱情的背后更多的是忍耐和牺牲。志摩已经开始意识到自己需要忍耐小曼，牺牲自己，婚姻变成忍耐让志摩觉得这是自己的悲哀。其实，这并非诗人独有的悲伤，爱情本身就隐藏着失望。轰轰烈烈的爱情到最后总是要归于平淡和普通的，就像美丽的泡沫，五光十色，一触即破，到最后，不过是一场空。

现实的琐碎可以消磨掉一切光辉，当爱情的光环层层褪去，就会留下一个谁都不愿看到的真实。多少缠绵悱恻的爱情，不是殉情就是彼此错过的终身遗憾，又或者是一句，从此，他们幸福地生活在了一起。只有想象是美好的，无法接受的缺点，只能留给包容和忍耐。

小曼的身体状况一直不是很好，这也是志摩最担心的事情，自从志摩遇见小曼就没有见过小曼有一天是完全舒服的。一天之中总有些病痛缠绕着她，每次都让志摩感到心疼。小曼却是个固执的人，她只想享受欢乐，病痛的折磨完全抛之脑后。志摩对小曼已经无计可施，他只是想起曾经一起快乐的日子，他们经历了那么多挫折才走到一起。可如今小曼却不珍惜这份来之不易的情谊。那时候为了在一起，他们付出了许多，伤害了很多本来很好的人，包括自己的父母。可如今终于在一起了，却不如那时候相亲相爱。怎样才能真正熔化一个女人的心，这是志摩思考最多的问题。他曾经以为他已经得到了小曼的心，小曼的心中一定只有他。可如今看来并非如此，一切的美好都不过是他一个人的幻想。志摩的情绪一直非常低落，他不知道怎么做才能让自己高兴起来。

志摩开始绝望了，结婚后的志摩开始慢慢陷入感情的低谷。现在不过仅是绝望、伤心的开始，看来志摩已经伤心透了。难道自己的选择是错的？志摩常常这样想，但是爱情哪有什么绝对的对与错，志摩坚信，爱情本身没有错。那究竟是什么地方错了？唯一的解释就是爱错了人。小曼可能根本不是自己想要找的那个人。他，真正想要找的人不是这样浮躁、这样任性、没有追求的女人。志摩慢慢看透了小曼，她是个没有深度的女人，只贪图享乐，他很苦恼，不知道接下来怎么生活。他与幼仪的生活只是无趣，但与小曼在一起却是折磨。

清明节到了，小草破土而出，柳芽抽出嫩绿，到处一片勃勃生机。也许是很久都没有亲近大自然了，小曼和志摩决定外出踏青。小曼最喜欢热闹，志摩走进大自然多少有了一点儿活力，可志摩的兴致仍然不是很高，一直处于冷静的状态，不悲不喜，既不是开心，也不是难受。这次同行的还有翁瑞午，小曼的兴致比志摩高，一路上蹦蹦跳跳，欢喜非常。清明节志摩和小曼回硖石扫墓，但在扫墓前已经和翁瑞午约好扫墓后一起同游杭州。

这次游玩是翁瑞午提议并做东，因为杭州有翁家的祖业和茶山，很显然，翁瑞午是为讨好陆小曼才如此盛情招待的，同时也是为了展示自己家产业雄厚，祖业的石碑上还有翁瑞午尊人手笔，可见翁家在此地的影响，不可等闲视之。

小曼玩得很尽兴，她不会放过任何一个娱乐的机会。志摩看到小曼如此开心，心中竟然莫名地一阵酸楚。翁瑞午并非什么等闲之辈，他是上海有名的票友，和小曼一样喜欢吃喝玩乐，有共同的爱好，自然对小曼有很大的吸引力。

志摩在日记里写道："下山在新新吃早餐，回寓才八时。十时过养默来，而雨注不停，曼颇不馁，即命与出游。先吊雷锋遗迹，冒雨跻其巅而赏景焉。继至白云庵月老求签。翁家山石屋小坐，即上烟霞，素餐至佳，饭毕已三时。天时冥晦，雨亦弗注，顾游兴至感勃勃，翻岭下龙井，时风来骤急，揭瑞与顶，夫子几仆。龙井已十年不到，泉清林旺，福地也。自此转入九溪，如入仙境，翠岭成屏，茶丛嫩牙初叶，鸣禽相应，婉转可听。尤可爱者则满山杜鹃花，鲜红照眼，如火如荼，曼不禁狂喜，急呼采采。迈步上坡，蹶亦弗顾，卒集得一大束，插戴满头。抵理安天已阴黑，楠木深郁，高插云天，到此吐纳自清，胸襟解豁。"

“上有天堂，下有苏杭”，杭州果然名不虚传，多少美丽的爱情故事发生在此地。志摩决定放松心情好好欣赏眼前的美景，小曼和翁瑞午看起来那么亲密无间、有说有笑，志摩只是看在眼里，没有丝毫的怀疑。

志摩还是很信任小曼的，他觉得小曼虽然任性，可对他的心一定是真的，与翁瑞午不过是志同道合的朋友，他要改变自己，让自己更加理解小曼，这样一来，他们之间的爱情也许就能成为永恒的神话，直到死亡的那一天，他们仍然紧紧相拥，为了此生拥有彼此而庆幸万分。

这次外出踏青非常尽兴，志摩决定从今往后要更加爱护小曼，尽量理解她，希望经过这段磨合期后，彼此之间能够互相体谅，成为一对让人羡慕的璧人。

6. 无法忽视的挥霍

虽然是被迫离开硖石去往上海，但朋友们都觉得这对于徐陆二人并非是什么坏事。生活在乡下，于二人来说着实屈才了。在欧洲游历的胡适致函泰戈尔的助手恩厚之：

“他们两口子（指徐志摩夫妇）在那小地方住得太久，就会受害不浅了。他们多方面的才华会浪费消逝于无形了。”他要求恩厚之“能找出办法把志摩夫妇送到英国或欧洲其他地方，让他们有两三年时间读点儿书，那就好极了”。

恩厚之应允，寄给志摩夫妇一笔钱，想让他们去欧洲发展，不要贪恋乡间的舒适生活，以免磨灭了斗志。但是因为陆小曼身体不好，未能成行。

志摩为了小曼真的是竭尽所能。关于小曼与志摩的房子，当时的朋友都有很深的印象。郁达夫的夫人王映霞回忆说：“陆小曼在上海租了一幢房子，每月租金银洋一百元左右，那房子是极好的，看着就让人羡慕。我们是寒伧人家，这个数目可以维持我们大半月的开支了。我们绝不会有这样的钱租房子，根本不需要那样豪华，主要住着舒服就行了。”

上海是个浮华之地，这里的人贪图享乐，到了这儿，小曼便如鱼得水。这里有时髦的商品、豪华的住宅和舞厅、奢侈的剧场。小曼善言谈，能歌善舞，没过多久就结交了这里的名伶雅士，开始过夜生活。

王映霞回忆说：“我多半在下午去，因为她是把白天当黑夜、黑夜当作白天的人。每天近午起床，在洗澡间里摸弄半天，才披着浴衣吃饭，所以她的一天是从下午开始的。或许是早晨的阳光过于绚烂不适合这种夜猫子，小曼很久没有感受过早晨的新鲜空气了。在下午，她作画、写信、会客、记日记；晚上大半是跳舞、打牌、听戏，过了子夜，才拖着疲倦的身体，在汽车里一躺，回家了，她过的是不夜的生活。”

小曼喜欢被人奉承、追捧，被人赞赏、追求，喜欢在上流社会被人看和看人，喜欢前呼后拥，喜欢热闹、兴奋、刺激的生活，喜欢明星一样的感觉。而且有一阵小曼确实有意成为明星，志摩在1926年2月26日的信中说，前天有人很热心的要介绍电影明星给志摩认识，他一点儿也没兴趣，一概婉辞谢绝。上海可不得了，这班所谓明星，简直是“火腿”的变相，哪里还是干净的职业。他告诉小曼，趁早打消上银幕的意思！志摩希望小曼往文学美术方面发展。陆小曼不管在生活，还是想象中，都把自己当明星，这就失去了人生朴素的底子。她贪慕虚荣心、心性浮躁，身上最大的问题就是太贪图享乐，还有太过喜欢那些不切实际的追捧。小曼和志摩婚后的奢侈生活让人不禁同情志摩的遭遇。志摩娶了小曼这样的女人实在是太不容易了。

她在北京的时候就是社交界的名媛，如今又是著名诗人徐志摩的太太，再加上惊人的美貌，清秀中透着妩媚，各大报刊开始追踪她的私生活。良友印行《名媛写真集》第一集刊登的十位名媛之中就有手拿折扇、身穿裘服的陆小曼。

出入这样的场合消费高昂，小曼自幼养尊处优，物质欲与日俱增。他们住在四明村一所洋房里，租金非常高，小曼还雇佣了很多佣人、私人轿车，她经常订剧院、夜总会等娱乐场所的坐席，去“大西洋”“一品香”吃大餐。

陆小曼有些嗜吃，志摩曾写过一篇有关小曼吃相的古体散文，写小曼吃石榴，“眉持刀奋切”，遇到不喜欢吃的就“弃之弗食”，志摩为石榴抱屈：“石榴无过错，是时令不对啊；雪里红烧细花生，炉边白薯亦焦淬透味，糖葫芦色艳艳迎人，蜜汁樱桃仅剩下底。”这篇散文写得绝妙有趣，此时的小曼在志摩眼中是那么的娇憨动人。

但是，当嗜吃成为志摩的负担后，志摩便开始抱怨：“你一天到晚就是吃，从起身到上床，到合眼，就是吃。也许你想芒果或是想外国白果倒要比想老爷更亲热更急。”说归说，志摩仍然紧着她吃，他托朋友王济远从日本带来一筐大樱桃给小曼，托义茂带“真好的”石榴，“乖，你候着吧，今年总叫你吃着就是”。

没多久，小曼又染上了烟瘾。小曼自幼体弱多病，经常不是这儿疼就是那儿疼，再加上流产后遗症，身体不适的时候甚至多过舒服的时候。朋友江小鹈给她介绍了表弟翁瑞午，翁瑞午劝小曼抽鸦片缓解身体疼痛，她抽了一些，果然浑身舒服，没多久就抽上了瘾。这不仅增加了一大笔开销，而且毁了小曼半生。志摩曾就此对小曼说：“前三年你初沾上恶习的时候，我心里不知有几百个早晚，像有蟹在横爬，不提多难受。但因你身体太坏，竟连话都不能说，我又好面子，要做西式绅士的，所以至多只是短时间绷张一个脸，一切都忧在心里……招惹了不少浮言，我亦未尝不私自难受，但实因爱你太深，不惜处处顺着你……”

小曼喜欢热闹，喜欢赶场子，志摩却厌烦那种毫无意义的应酬，他喜欢清静、喜欢创作，喜欢在静中捕捉灵感，喜欢大自然，喜欢旅游。小曼虽然也喜欢大自然，但无奈，如今的她只能待在大房子里，所以只好在灯红酒绿里转悠。志摩见此，也是不禁抱怨：“你这无谓的应酬直叫人不耐烦，我想想真有气，成天遭强盗抢，老实说，我每晚睡不着也就为此。眉，你真的得小心些，要知道‘防微杜渐’在相当的时候是不可少的。”志摩很不喜欢小曼的那些朋友，甚至提醒她交友要有限度，可小曼却仍然我行我素。

田园蜜爱是恋爱初期，陷在爱情里的二人世界。进入现实生活，爱情就会慢慢发生变化，生活琐事开始与爱情一决高低，没有任何人的爱情可以抵抗时间的消磨，只是有的爱情会随着时间的推移变成无人取代的亲情。相濡以沫的生活是夫妻的必经之路，没有人可以轰轰烈烈一辈子。

小曼和志摩的爱情更是一种精神层次的追求，他们之间的感情没有掺杂任何物质因素。小曼头也不回地离开了王庚，放弃了官太太的生活投入了志摩的怀抱。志摩不顾前途与小曼这样的女人结婚，他们真心相爱，感动了身边的人。只是他们的爱情依然如镜花水月。虽然美好，可终归是不切实际的东西多于现实。他们从未考虑过两个人存在的差异，只是觉得爱情已经占领了高地。没有闲暇的时间和精力去想这些事情。现在他们之间生活态度的差异已经开始影响他们的感情。

没过多久，陆小曼和翁瑞午就传出了绯闻，打了一场未果的官司，顿时闹得是沸沸扬扬。志摩又通过出国来逃避，他以为回来之后小曼会收收心，在意一下外面的闲言，但仍然没有任何效果。

离开中国前一天，他就千叮咛万嘱咐。第三天到日本就给陆小曼买了束手绢，还嘱咐好友济远从日本带一筐大樱桃给小曼。每天都给小曼写封长信报告自己的行踪，抒写对陆小曼的思念，担心信长了令小曼心烦，又想通过外出的机会说服小曼。可刚离开一周就非常想念家中的娇妻："昨天我想你极了，但提笔写可又写不上多少话；今天我也真想你，难过得很，许是你也想我了。"

陆小曼并没有因为徐志摩的缘故有所收敛，仍然大摇大摆、心安理得地过着自己一贯的生活。徐志摩不在的时候，她就找翁瑞午陪同，他们共同出入于高级酒店、舞厅、赌场，她像个贵夫人，对灯红酒绿的生活习以为常、自鸣得意，徐志摩早就被抛之脑后了，他那些哲理的话被抛到九霄云外。

她每天都有约会，很多朋友邀请她，她是上海上流社会的重要人物。徐志摩对此非常不满：“为什么你不肯听我的话，连极小的事情都不依从我，倒是别人叫你上哪儿你就梳头打扮了快走……你这无谓的应酬真叫人不耐烦，我想想真的气，成天遭强盗抢。婚前如此，婚后照样。”

徐志摩先去了美国，又到了欧洲，在欧洲给陆小曼写了一百封信，可她一封都没认真看过。在英国，他重返康桥，写下了那篇家喻户晓的诗篇《再别康桥》：

轻轻的我走了，正如我轻轻的来；

我轻轻的招手，作别西天的云彩。

那河畔的金柳，是夕阳中的新娘；

波光里的艳影，在我的心头荡漾。

软泥上的青荇，油油的在水底招摇；

在康河的柔波里，我甘心做一条水草！

那榆荫下的一潭，不是清泉，是天上虹。

揉碎在浮藻间，沉淀着彩虹似的梦。

寻梦？撑一支长篙，

向青草更青处漫溯，满载一船星辉，在星辉斑斓里放歌。

但我不能放歌，悄悄是别离的笙箫；

夏虫也为我沉默，沉默是今晚的康桥！

悄悄的我走了，正如我悄悄的来；

我挥一挥衣袖，不带走一片云彩。

这首广为流传的优美诗篇，是徐志摩此次出国的最大收获。几十年之后，仍然有很多人吟唱这首美丽的诗。张幼仪的八弟在美国去世时，要求自己西化了的子孙在他的葬礼上朗诵这首诗。

回国之后，该解决的问题仍然没能解决，小曼没有丝毫收敛，志摩的压力很大，经济方面也出现了问题，他在日记中写道："我不愿意你过分'宠物'，不愿意你随便花钱，无形中养成'想要什么非要到什么不可'的习惯；我将来决不会怎样赚钱的，即使有机会我也不来，因为我认定奢华的生活不是高尚的生活。爱，在俭朴的生活中，是有真生命的，像一朵朝露浸着的小草花；在奢华的生活中，即使有爱，不能纯粹，不能自然，像是热屋子里烘出来的花，一半天就有衰萎的忧愁。"

小曼的奢靡是自幼养成的，父母的宠爱，教会的教育，即便后来家道中落，那些习气却并未消除，这也是志摩苦恼的一个原因。小曼却不这么认为："可叹我从小就是心高气傲，想享受别的女人不容易享受得到的一切，而结果反成了一个一切不如人的人。"

7. 名媛持家难

当时徐志摩在光华大学找了份教职。周有光先生在他的著作《我的人生故事》中这样写道："光华大学请了中国有名的学者来上课，譬如教文学的有徐志摩，徐志摩是北京大学教授，又兼光华大学教授，从北京到上海跑来跑去，结果飞机失事死了。徐志摩的作品、作人的风格影响学生。我到过徐志摩家里，他和原来的夫人离婚，徐志摩的前妻张幼仪也是很有文化的，张幼仪是小脚，他们是家里面订婚的。后来他跟陆小曼结婚，在上海住，一幢房子三层楼，下面一层是英国式的，第二层是日本式的，第三层是印度式的，三层楼三种文化。那时候老师跟学生、校长跟学生关系很好，像朋友一样。很多人很钦佩徐志摩的，他是一代风流。有人说白话诗到徐志摩时成熟了。"

徐志摩的薪金情况，可参照《文化人的经济生活》一书："1927 年 6 月公布了《大学教员资格条例 20 条》及《大学教员薪俸表》。其中规定：教授一级月俸国币 500 银圆（约合今人民币 17000 元），二级教授 450 圆，三级教授月俸 400 圆。副教授一级月俸 340 银圆（约合今人民币 12000 元），二级副教授 320 圆，三级副教授 300 圆。讲师一级月俸 260 圆（约合今人民币 9000 元），二级讲师 240 圆，三级讲师 220 圆。助教一级月俸 180 银圆（约合今人民币 6000 元），二级助教月俸 160 圆，三级助教月俸 140 圆（根据《大学院公报》第一年第一期）。"各项资料表明了徐志摩应该是在光华大学等学校担任教授，那么最低月俸也该有 400 银圆。照理来说，生活应该是相当富足了。可事实却是捉襟见肘的时候多。

1927 年春，徐志摩参与筹办起了新月书店，1927 年 9 月，他的诗集《翡冷翠的一夜》由新月书店出版，序中写道："小曼：如其送礼不妨过期到一年的话，小曼，请你收受这一集诗，算是纪念我俩结婚的一份小礼。秀才人情当然是见笑的，但好在你的思想，眉，本不在金珠宝石间！这些不完全的诗句，原是不值半文钱，但在我这穷酸，说也脸红，已算是这三年的唯一的积蓄……我不能不郑重的献致给你，我爱，请你留了它，只当它是一件不稀奇的古董，一点不成品的纪念。"至次年 2 月，徐志摩兼任上海大夏大学教授。10 日，和闻一多、饶孟侃、叶公超等创办《新月》月刊。

才华横溢的浪漫诗人、作家，兼任辛苦经营的书店老板、月刊编辑，辗转奔波的大学教授。而他所做的这一切，都是因为家里的开销太大。他们的住处月租银洋100元，陆小曼喜欢吃奇珍异果，又是一笔开支。陆小曼柜子里漂亮的衣服、鞋袜、首饰，很多都是外国货，徐父就是见不得陆小曼什么都要外国的、高档的。只是陆小曼已经养成习惯，用品出处、做工、材质必须讲究，不是好东西不用，不是名牌不用。记得有一次徐志摩写信给刘海粟："小曼仍要绸丝帕DonMarche的，上次即与梁君同去买，可否请兄再为垫付百方，另买些小帕子寄来。小曼当感念不置也。"再加上后来小曼吸食鸦片，开销就更大了。

1927年，徐志摩和张幼仪的兄弟张禹九等人共同开办了上海云裳服装公司，张幼仪是总经理，江小鹣是艺术总监。江小鹣从法国留学回来，眼界非常开阔，让陆小曼、唐瑛担任模特。1927年8月26日《上海画报》第260期，陆小曼穿云裳公司的新衣出镜。一周后，《上海画报》就刊登一首《如梦令·题陆小曼女士新装小像》："云裳尔许丽都，花容月下谁知？晚装楼十里，甚帘敢卷真珠。仙乎仙乎，一时瑜亮唐家。"从那之后，陆小曼成为时装和时尚界的名人，在衣饰方面的开支就更大了。

陆小曼的父母虽然把女儿培养成了名媛，可却并未教她如何持家，所以家里的财政大权都交到了母亲吴曼华的手中，吴曼华虽出自名门，可也觉得女儿的生活过于奢侈：

“每月至少得花银洋五百元，有时要高达六百元，这个家难当，我实在当不了。”如此败家，有几个男人养得起？

似乎只有这种浮躁的生活才能帮助她远离痛苦，没有时间和精力去思考那些不愉快的事情。可徐志摩就惨了，煞费苦心地养家。

8. 痛苦的病美人

徐申如的拒绝，身体的不争气，鸦片的侵蚀，生活环境的影响……小曼整日里醉生梦死，自暴自弃。她变得娇慵、懒惰、贪玩，初恋爱时的激情都消失了，天赋灵性也不见了。志摩看在眼里，急在心上，他送给小曼的新年礼物是曼殊斐儿的日记，写着：“一本纯粹性灵所产生，亦是为纯粹性灵而产生的书。”

他希望自己的小曼能有性灵，脱离物质的束缚，成为文艺女神。可直到此时，他才意识到塑造一个人是那么难。

有人劝徐志摩离婚，其中就包括二人的红娘胡适。可志摩坚决不同意，情根深种，他实在是放不下，他想“拯救”小曼。他觉得自己现在看到的挥霍、贪玩都并非小曼的本质，她是美丽、纯洁、有灵性、有才华、有诗意的女子。然而，这一切不过是他心目中的美好幻象，而并非真实的陆小曼。

志摩是诗人、学者、教授，喜欢读经典名著，而小曼喜欢的是路边的小人书，虽同样是文学，可终究有雅俗之分，在品位爱好上，两人根本不同路。志摩想将小曼拉到自己的轨道上来，终归是白费力气。可他不怕失败，他一直鼓励她、督促她，诱导她为自己写序，高价为她请绘画老师，为她的画签名奔忙。

而在小曼的眼中，这一切都是约束，她感觉志摩似乎不像婚前对她那样好了，没有之前的百依百顺，常常管这管那，不让打牌，不让抽鸦片，不让留恋舞场。至于经常督促她写文画画，她虽然明知是为自己好，可却力不从心，只好眼巴巴等着志摩告诉她不用再写了。每次听到志摩这么说，小曼就觉得自己如同笼中鸟重获自由一般，立刻跑出去野玩。

每当自己达不到志摩的期望时，她的内心就会内疚、自卑，时间久了，她便产生了深深的无力感，索性去抽烟，直到天亮了才睡。志摩虽然不吸烟，可却会窝在小曼身后打盹儿。

白天的时候，小曼的房间常常昏沉沉的，就连客堂间和吸烟间也是如此。小曼的身体虽然一直不好，可一到夜幕降临，有地方玩了，她又会梳妆打扮，光彩夺目地出门，完全看不出是个正在生病着的人儿。

徐父越来越看不惯陆小曼，经济上和他们一刀两断。徐志摩为了供小曼挥霍，只好在光华大学、东吴大学、大夏大学同时讲课，业余时间赶写诗文赚稿费。

1931 年 2 月，志摩到北平教书。小曼已经不再像过去那样关心他，不帮他整理行装，不送他动身，因为她知道，他要去的北平住着一个林徽因。

半年来，志摩虽然一直在给小曼写信，希望她到北平陪自己，甩掉在上海的奢靡习气："你说我是甘愿离南，我只说是你不肯随我北来。结果大家都不得痛快。我这回正式请你陪我到北平来，至少过半个夏。但不知你肯不肯赏脸？"小曼不愿意回北平，一半是因为北平没有上海舒服自在，在那里，志摩的师长、朋友都看不起自己；另一半是因为赌气，徐志摩就住在林徽因和梁思成家楼下。

9. 志摩的苦恼和支撑

为了供养陆小曼，徐志摩的脑子里就只剩下钱了。南北奔波都供不上陆小曼的开销，搞得他想停下来都不能。

不知道从什么时候，小曼爱上了玩票，就是下海。她原本就喜欢看戏、捧戏子，经常在高级戏院包雅座，约自己的朋友一起去看戏。还认了很多刚出道的名伶做干女儿，像小芬兰、马艳秋、花玉兰、袁汉云、袁美云等。陆小曼出手阔绰，送过小芬兰价值不菲的点翠头面，给袁汉云、袁美云做过丝绒旗袍。整天和女伶们在一起哼哼唱唱，她自己也会唱了，竟然成了票友。昆曲、皮黄都拿得起，戏装扮相异常娇美。明明是个病怏怏的人儿，跑到戏台上却生龙活虎起来。很多客人为了一睹陆小曼芳名纷纷前来，她感觉似乎自己的人生价值就在此了。

陆小曼还未在上海定居的时候，上海有唐瑛做东招待。"南唐北陆"，唐瑛接受的也是中西合璧的教育，中、英、法三国文字随口而道。唐瑛从上海教会学校中西女塾毕业，接受的中西合璧的教育。陆小曼会唱戏、弹琴、画画；唐瑛也遑不多让。那个时候唐瑛已经开始用名牌，用的是“香奈儿 5 号香水”，涂的是“迪奥口红”，穿的是“赛琳”衣服，背的是“LV 皮包”，踩的是“菲拉格慕”的皮鞋——从这点来看，恐怕陆小曼无法与其相比。

小曼定居上海，两人到了一处，更是奢侈无度。小曼义演，志摩帮她打点。徐志摩虽然也喜欢戏，可不曾沉迷。每次义演，一应剧用都要花费不少的钱，可徐志摩哪来那么多的钱？陆小曼开始打恩厚之寄给他们的旅费的主意，经过一番软磨硬泡，志摩终于答应。

陆小曼只为自己的衣物花销铺张浪费，却从未对徐志摩的开销过问过。可怜徐志摩每个月赚了那么多钱，自己却连件像样的衣物都买不起。有一天，胡适的妻子看到徐志摩衣服袖子上有两个洞，领口也磨破了，就让他脱下来为他缝补好。徐志摩的窘境可见一斑。

徐志摩想要把陆小曼从奢腐的生活中解救出来，可陆小曼生下来的环境就是那样的，一步步走来，哪是那么容易改变的。她铺张、浪费、奢靡，可她并不知道钱是从何处而来的。苦闷的徐志摩不禁写下一首诗《生活》：

阴沉，黑暗，毒蛇似的蜿蜒，

生活逼成了一条甬道：

一度陷入，你只可向前，

手扪索着冷壁的粘潮，
在妖魔的脏腑内挣扎，
头顶不见一线的天光，
这魂魄，在恐怖的压迫下，
除了消灭更有什么愿望？

这首诗作于1928年5月29日，初载1929年5月10日《新月》月刊第2卷第3号，后收入诗集《猛虎集》。据梁实秋说，是写实。

第七章

芥蒂渐生：空穴来风的猜测

1. 曾经的情窦初开

如果说徐志摩是张幼仪的情结，那么林徽因就是徐志摩的情关。“一入情关，便不足观”，任何人，沾染了“情”字，都是很难全身而退的。

林徽因之所以没能和徐志摩走到一起，恐怕就是因为两人爱情观的不同。林徽因冷静、理智，徐志摩却如同一把火，让人着迷，又让人怕。

1924 年 5 月 8 日，新月社为了给泰戈尔庆祝 64 岁诞辰，用英语编排了《齐德拉》，林徽因饰演公主齐德拉，徐志摩饰演爱神玛达那，那场戏演得动人心弦，台下掌声不断。5 月 17 日，林徽因单独约见徐志摩，在他以为两人还有机会的时候，林徽因再次给他浇了一头凉水。泰戈尔离京去太原，徐志摩、林徽因送别，徐志摩写下如下的话语：“我真不知道我要说的是什么话，我已经好几次提起笔来想写，但是每次总是写不成篇。这两日我的头脑只是昏沉沉的，开着眼闭着眼都只见大前晚模糊的凄清的月色，照着我们不愿意的车辆，迟迟地向荒野里退缩。离别！怎么的能叫人相信？我想着了就要发疯，这么多的丝，谁能割得断？我的眼前又黑了！”

后来，林徽因和梁思成双双赴美，徐志摩也在情伤未愈的时候爱上了陆小曼。即便历经千难才将美娇娘娶到手，即便他的心也是爱陆小曼的，可他仍然忘不了曾经的情窦初开——林徽因。

徐志摩和陆小曼回老家度蜜月，林徽因就从宾夕法尼亚寄信给二人，祝他们白头偕老。1928年，徐志摩去看望病重的梁启超，他在给陆小曼的回信中是这样评价林徽因的：“林大小姐……风度无改，涡媚犹圆，谈锋尤健，兴致亦豪，且亦能吸烟卷、喝啤酒矣！”“涡媚犹圆”让陆小曼怎不多想？

徐志摩的表妹夫陈从周在1950年写的《徐志摩与双括老人》里面，有这样一段文字记载：“民十九秋，徽音病肺居长春，志摩探视之，执手呜咽，徽音出自作小说一部，言其中主角即伊等二人，复重申婚嫁之议，事前徽音曾有一照一诗寄志摩，志摩黯然者移时，迟迟未成行，徽音再以电催之，始行。”

1930年初，徐志摩到沈阳看望梁思成和林徽因夫妇，当时林徽因病得厉害，徐志摩主张让徽因到北京治疗，一点儿都不避嫌。他经常找林徽因倾诉自己婚姻的不幸。当时的北京城，来来往往夹杂着叫卖声，红墙绿瓦之中透露着暧昧的气息，徐志摩到了这儿才感受到一丝温馨。

第二年春天，徐志摩到北平教书，没事就去梁家走一趟。林徽因病重，他劝林徽囚到山上疗养，而且写信告诉小曼："你要是见了徽因，眉眉你一定吃吓。她简直连脸上的骨头都看出来了；同时脾气更来得暴躁。"

徽因在山上疗养的那段时间，志摩经常和一群朋友过去探望她，徽因胖了、徽因瘦了、徽因这、徽因那……给小曼的信倒成了他倾诉徽因的日常，陆小曼也吃醋，还警告过他："你跟任何女人的任何交往都不必瞒我，我无所谓，绝不干扰。唯独林徽因，你绝不可跟她再有接触。只要让我知道你跟她还有来往，我绝不答应。老实讲，我是要吃醋的。"他甚至夸林家的孩子："孩子倒极俊，可爱得很，眼珠是林家的，脸盘是梁家的。"这话让无法生养的陆小曼心中扎了根刺。

徽因住在山上的那段时间，丈夫梁思成一个星期去一次，还没有徐志摩去得勤。志摩每次去看望徽因，都会住在甘露旅馆，有资料显示，"九一八"前后，竟住了半月之久。两人一见面，从文学谈到诗词，他还引导林徽因写诗，那首《你是人间四月天》传诵至今：

我说你是人间的四月天；

笑响点亮了四面风；

轻灵在春的光艳中交舞着变。

你是四月早天里的云烟，

黄昏吹着风的软，
星子在无意中闪，
细雨点洒在花前。
那轻，那娉婷，你是，
鲜妍百花的冠冕你戴着，
你是天真，庄严，
你是夜夜的月圆。
雪化后那篇鹅黄，你像；
新鲜初放芽的绿，你是；
柔嫩喜悦，
水光浮动着你梦期待中白莲。
你是一树一树的花开，
是燕在梁间呢喃，
——你是爱，是暖，是希望，
你是人间的四月天！

两人有共同的兴趣爱好，共同的审美，共同的情感经历，这些都是陆小曼无法相比的。陆小曼经常抱怨，徐志摩到北京根本不是上进和振拔，只是因为那里有个林徽因。甚至较真，家中妻病了不管，却去北京照顾别人的病妻。徐志摩却赶紧写信为自己澄清："此次相见与上回不相同，半亦因为外有浮言，格外谨慎，相见不过三次，绝无愉快可言。"就像陆小曼和翁瑞午的交往有了浮言，他和林徽因的交往也惹了浮言。

林徽因病弱，可仍然相夫教子，奔忙事业、写诗；而陆小曼虽然病弱，但精神头却足得很，整日交荡友、吸大烟、看戏、打牌。两相对比，志摩的心也是沉重了。

2. 陪伴一路的红颜知己

其实徐志摩的一生，红颜知己并非林徽因一人，之所以提到徐志摩的红颜知己大家首先想到的是林徽因，大概是因为他爱她爱得深刻吧。

凌叔华就是他的红颜知己之一。凌叔华在文学和绘画方面很有天赋，她曾经和苏雪林、袁昌英合称“珞珈三女杰”，三人都是自“五四”以来中国文坛上的著名女作家；而且又和冰心、林徽因共同被誉为二十世纪三十年代“北方文坛的三位才女”。

徐志摩、沈从文、苏雪林都曾将凌叔华誉为“中国的曼殊斐儿”。曼殊斐儿是英国女作家，徐志摩说她“像夏夜榆林中的鹃鸟，呕出缕缕的心血制成无双的情曲，即便唱到血枯音嘶，也不忘她的责任是牺牲自己有限的精力，替自然界多增几分的美，给苦闷的人间几分艺术化精神的安慰”，而对于曼殊斐儿的外貌，徐志摩是这样赞美的：“眉目口鼻子清之秀之明净，我其实不能传神于万一；仿佛你对着自然界的杰作，不论是秋水洗净的湖山，霞彩纷披的夕照，或是南洋莹彻的星空，你只觉得它们整体的美，纯粹的美，完全的美，不能分析的美，可感不可说的美……”

林徽因、凌叔华、陆小曼、徐志摩常常聚在一起。林徽因已有婚约在身，和徐志摩之间早就没了可能；陆小曼是有妇之夫，和徐志摩似乎也不可能；而凌叔华是独身，和徐志摩走得却很近。

凌叔华和徐志摩意气相投，相识不过半年，已有七八十封的书信往来，没事就会约出来谈诗论文。不过后来据凌叔华所说：“说真话，我对徐志摩向来没有动过感情，原因很简单，我已计划同陈西滢结婚，陆小曼又是我的知己朋友。”虽然两人没什么男女之情，但作为红颜知己，徐志摩对她还是有别于旁人的。

徐志摩编《晨报》副刊，用凌叔华的《海滩上种花》做报头；他还“借”来这个标题为演讲题目。徐志摩平生不替书作序，只有一次，替凌叔华的小说集《花之寺》写了篇序。

1925年，徐志摩和陆小曼的恋情招致非议，跑到欧洲避风头，将装着日记文稿的小提箱交给凌叔华保管，因为在他心中，“只有书是唯一有益的真朋友”。后来徐志摩平安回来，拿回箱子。

徐志摩去北平做教授，住在胡适家中，又将箱子交由凌叔华保管。这次，箱子里多了陆小曼在 1925 年徐志摩旅欧期间写的两本日记和徐志摩写于 1925 年和 1926 年的两本日记及两次旅欧期间写给陆小曼的情书。从两次交托箱子就能看出徐志摩与凌叔华之间的交情匪浅。特别是箱子中有自己的剖肝沥胆，有与他人的私情密语，有自己情人的私情密语。光是这份信任，就能看出凌叔华在徐志摩心中的地位很不一般。

徐志摩出事之后，陆小曼成为众矢之的，大家都在骂她，都说没有她志摩不会死，只有凌叔华不骂陆小曼，而且很同情她。徐志摩的死同样让凌叔华痛心，她撰文《志摩真的不回来了吗？》，语气衷情深肠，反反复复，只是一个意思："志摩，你真的死了吗？""我真不相信你永远不回来了""志摩，你真的不回来了吗？"

韩湘眉也是志摩的红颜知己之一。她是著名的美籍华人学者，我国最早的大学女教授之一。在中国上世纪二三十年代的文坛上，和冰心、林徽因、凌叔华并称"四大美人"。她的丈夫张歆海是著名的作家、外交官。张歆海也曾是陆小曼的粉丝之一，在北京的时候，常跑到陆小曼家中做客，一待就是几个小时，陆小曼曾在日记中写道："歆海有时独自来，一坐就几个钟头，不等我催他三四次，他是绝不走的……歆海说他头回见面他就爱我的……""歆海来吃饭，他来的时间正是家中无一人，我真怕！他老问我志摩怎样，到后来我只得告诉他我爱他，我说‘歆海我很感激你对我的情，可是我只能爱你像一个哥哥似的’，他很不高兴……”

后来，张歆海娶了韩湘眉，徐志摩娶了陆小曼，四个人之间的关系变得有些微妙，纵横交织。韩湘眉是海派美女，聚会的时候经常亲吻志摩的脸颊以作告别，还将自己那只名叫“法国王”的猫送给志摩，徐志摩钟爱不已，十分宠溺，他在《巴黎的鳞爪》里这样写过：“这几篇短文，小曼大都是在你的小书桌上写得的。在你的书桌上写得，意思是不容易。设想一只没遮拦的小猫尽跟你捣乱：抓破你的稿纸，踹破你的墨盂，袭击你正摇着的笔杆，还来你鬓发边擦一下，手腕上咬一口，偎着你鼻尖‘爱我’的一声叫又逃跑了！但我就爱这捣乱，蜜甜的捣乱，抓破了我的手背我都不怨，我的乖！”

徐志摩要去北京教书，韩湘眉就上门要回了自己的猫，理由是这只猫是送给徐志摩的，志摩要离开，她不放心让小曼养。可怜徐志摩要交还这只猫，还得编出谎来，说是韩湘眉家闹耗子，想把猫要回去镇压，这样的说法怎能让陆小曼不难堪，不生气？

徐志摩出事的前一晚还曾见到韩湘眉，韩湘眉问他：“你这次乘飞机，小曼说什么没有？”徐志摩笑说：“小曼说，我若坐飞机死了，她做 MerryWindow（风流寡妇）。”

却没想到，竟一语成谶。

徐志摩去世后，韩湘眉写下《志摩最后的一夜》："志摩！你曾否听见轻微的、遥远的声音呼唤你？你又同得你眷爱的'法国王'（猫名）玩耍。它在你家住过两年，你说你常搂着它睡。我因你去北京，将它领回。每次你来，它总跳伏在你的怀里，可怜的猫，从此不用它再想有那般温存它的人。"

1957年，韩湘眉重回国探亲，想顺便看望陆小曼，陆小曼不愿相见。上海美协主席赖少其鼓励她去见一面，两人约在锦江饭店见面。韩湘眉说："你快胖得我认不出来了。""你的精神这么好，我真是想不到。"后来，她表示想给小曼一点儿经济资助，小曼婉拒，说自己有工作，有收入，好意心领。

俞珊，是一位没怎么被提及过的志摩的红颜知己之一，小志摩十一岁。她在南国社里演王尔德的《莎乐美》演得好，邪肆柔魅，艳得惊天地动鬼神。剧中有惊人的一幕，她疯狂地亲吻情人刚被割下来的仍然滴血的头颅……距今近百年，在那个年代，这样的表演绝对越位、大胆。徐志摩本就是一个叛逆之人，对这样的人物形象和俞珊的演绎非常认同，所以俞珊将自己捧头亲吻的剧照送给志摩。

1930年，俞珊造访徐志摩家，与其相谈甚欢。二人共同语言颇多，能谈人生、谈理想、谈诗歌、谈梦幻，陆小曼心中不悦。一天，陆小曼问徐志摩："摩，你觉得俞珊怎么样啊？”徐志摩不解答：“怎么样？没怎么样啊。”陆小曼说：“你不觉得她很肉感吗？”“肉感”和现在的性感差不多，虽然那个女孩小自己好几岁，可她仍然让陆小曼感觉到了威胁。

陆小曼让徐志摩自律，徐志摩却让陆小曼管着俞珊，意思是说她就喜欢亲近我，我能怎么办？陆小曼说：“俞珊是只茶杯，茶杯没办法拒绝人家斟茶。而你是牙刷，牙刷就只许一个人用，你听见过有和人共用的牙刷吗？”

没过多久，俞珊和一个留美的海归热恋同居，临走之前送给徐志摩两首诗：《送别》与《交叉》。1931 年，徐志摩给陆小曼写信：“星（期）四下午又见杨今甫，听了不少关于某某的话。好一位小姐，差些一个大学都被她闹散了。某某某也有不少丑态，想起来还算咱们露脸，至少不曾闹什么话柄。夫人！你的大度是最可佩服的。”这里的“好一位小姐”就是指俞珊，“不少丑态”，指的是梁实秋，他钟情俞珊，晚年梦中仍然呼其名；闻一多也和俞珊闹过绯闻。不管走到哪里，她的张狂邪肆的美都如同“罂粟花”般诱惑着男人。

后来徐志摩在北京饭店遇到俞珊，写信给陆小曼“病后大肥，肩膀奇阔，有如拳师，脖子在有无之间。因为彼有伴，未及交谈，今日亦未通问，人是会变的”。“人是会变的”，平平淡淡几个字，蕴含多少感喟。

3. 过于亲密的友人

小曼和翁瑞午之间的太过亲密，已经超越了普通朋友的程度。他们几乎每天都在一起，甚至比和志摩在一起的时间都多。自从来到上海，志摩和小曼之间的关系也不如以前那么亲密了，小曼和翁之间的感情却好像一直在升温。这让志摩身边人颇为不满。

志摩的母亲就曾对张幼仪抱怨："我再也受不了啦，我一定要告诉你陆小曼的事情，我再也没办法忍受和这女人住在同一间屋子里了。家里来了个姓翁的男人，陆小曼是通过她在戏院的朋友认识的，他现在是她的男朋友喔，而且已经住在这儿了。冰箱里本来有块火腿，我叫佣人热了给老爷和我当晚饭的菜。第二天陆小曼打开冰箱一看，想知道她的火腿哪儿去了，我告诉她是老爷和我吃了，她就转过头来尖声怪叫，数落我说：你怎么做这种事？那块火腿是特意留给翁先生的。"

老太太继续说："我真搞不懂这件事，志摩好像不在意翁先生在这里。他从北平教了那么多个钟头书回来是这样累，喉咙都痛死了。我就告诉佣人替他准备一些参药，可是佣人回来说我们不能碰屋子里的人参，因为那人参是留给翁先生吃的！这到底是谁的家？老太太喊道，是公婆的，是媳妇的，还是那个男朋友翁先生的？徐志摩一点儿都不在乎这件事，他说，只要陆小曼和翁先生是一起躺在烟榻上吸他们的鸦片，就不会出什么坏事。”

徐家二老对小曼已经到了恼羞成怒的地步，在他们眼里，小曼就是个浪荡的女人。他们原本希望小曼嫁给志摩后可以有所收敛，结果却发现，小曼劣性难改。她从骨子里就是个放荡的女人。现在居然公然把男人养在家里。志摩的母亲常常在志摩面前抱怨，她说就没有见过这样不自重的女人。对于以前的传统女性来说，小曼的做法的确让人难以理解。

然而志摩却十分理解小曼，他知道，他们不过是互相为伴。所以每次母亲斥责小曼时，他总是向着小曼说话。一是怕老人家动气，二是想尽量保全小曼在他父母心中的印象。

一天晚上，志摩回家后爬上烟榻另一头和陆小曼躺在一起，陆小曼跟翁先生一定一整个晚上都在抽鸦片烟，早上他们三人全都蜷在烟榻上。翁先生和陆小曼躺得横七竖八，徐志摩卧在陆小曼另一边，地方小得差点儿摔到榻下面。这样的生活志摩的母亲早就看不下去了，家中有个抽鸦片的人，生活肯定会变得糟烂不堪，而且这个女人还领回家一个男性烟友，换作是谁都无法忍受。

志摩的母亲叹息道："这个家毁了！"是啊，这个家哪里还有一丁点家的样子。家应该是温暖的港湾，让我在累了、倦了的时候停下来小憩。家不需要富丽堂皇，不需要万贯家财，只要温馨就可以了。

不论多晚，都有一盏灯，一个人在默默地等待着你，这就是家。慈祥的父母，忠诚的伴侣，可爱的孩子，这就是一个美好的家。志摩的家早就成了聚会的舞厅、大烟馆、戏院，可却没有丝毫的温馨。

志摩拖着疲倦的身体走进房间，浓烈呛人的烟味扑鼻而来，他知道自己的妻子又在吸鸦片，他走进烟室，看见小曼和翁瑞午一起围着桌子倒在烟榻上。小曼淡淡地说了一句："你回来了。"志摩说："嗯。"然后就躺在小曼身后睡下了。没过多久，志摩就睡着了，他实在太累了，一路的颠簸使得他睡得很沉。沉沉地睡了一觉，志摩醒来之后，发现自己与小曼、翁三人躺在烟榻上，房间里仍然充斥着浑浊的空气，他迅速离开那间房，走到院子里，吸了几口凉气，慢慢地，开始恢复平静。他开始厌恶这样的生活，已经完全没有生活的情趣，只剩下挣扎。

小曼抽上鸦片之后就会立刻忘记了身边所有的人，自己也没有了灵魂，只有在烟雾中迷离、游荡。鸦片会让人变得麻木、冷血。小曼知道自己的丈夫回来了，可她仍然抑制不住自己想抽大烟的情绪，她看到翁瑞午一直点着烟。

不知不觉天已经大亮了，等她醒来，她发现志摩已经不在她身边了。

小曼奢靡的生活已经引起了小报记者的关注，一篇桃色新闻刊登在《福尔摩斯小报》上，它不仅用污言秽语攻击了小曼，更玷污了志摩的名声。文中有这样几句："诗哲余心麻，和交际明星伍大姐的结合，人家都说他们一对新人物，两件旧家生。因此大姐不得不舍诸他求，始初遇见一位叫作大鹏的，小试之下，也未能十分当意，芳心中未免忧郁万分，镇日价多愁多病的，睡在寓里纳闷，心麻劝她，她只不理会。后来有人介绍一位按摩家，叫作洪祥甲的，替她按摩。祥甲吩咐大姐躺在沙发上，大姐只穿一身蝉翼轻纱的衫裤，乳峰高耸，小腹微隆，姿态十分动人，祥甲揎袖臂，徐徐地替大姐按摩，一摩而血脉和，再摩而精神爽，三摩则百节百骨奇痒难搔……"

这篇文章用词卑鄙下流，别说是攻击志摩这样的文人书生，无论是谁看到这篇文章都会气得气血倒流。不用猜，谁都知道余心麻是徐志摩，伍大姐是陆小曼，汪大鹏是江小鹣，洪祥甲是翁瑞午，而这里主要攻击的是陆小曼。志摩看到这篇文章后，既气愤，又苦恼，谁遇到这种事都会烦恼，更何况是理想化的诗人？

这篇文章当时引起了很大的骚动，有人为志摩抱憾，有则围观叫好，形形色色的人都在这件事情上发表自己的感想。志摩就这样被硬生生地扣上了这样一顶"绿帽子"，成为了众人的笑柄。由于文章太下流，租界巡捕房已经以攸关风化为名予以检举，由临时法院处罚示警。但徐志摩、陆小曼、江小鹣、翁瑞午都觉得这处罚太轻，便又向法庭提起刑事诉讼，但随后却因已处理过而不了了之。自从这件事之后，志摩的心情一直很不好，他经常气愤社会上的无聊的人事和上海的乌烟瘴气，又不满小曼一年来的生活方式，更气自己竟然没作过一首诗，甚至连诗意都没有了。

自从和小曼结婚之后，志摩的创作灵感就进入了枯竭期，他每天奔波，忙于生计，而且得不到妻子的爱戴，一丁点儿浪漫情怀都没有了。

志摩的情绪已经跌入谷底，他开始躲着小曼。他想冷静思考两人之间的感情和婚姻。他知道自己的心里仍然爱着小曼，但是作为男人的尊严已经因为小曼被世人践踏，他受不了这样的伤害和打击。他想离开，逃离上海这座纸醉金迷的城市。

这次小报事件对小曼的伤害也非常大。这篇文章成为世人讨伐她的把柄，也让她坐实了“荡妇”的罪名。从那之后，名誉扫地，成为无聊人士的谈资。

第八章

噩耗！失去方知珍重

1. 来访的泰戈尔

1928 年 10 月份，徐志摩前往印度，看望自己最崇敬的老诗人泰戈尔，这是他这次出国的主要任务。因为一年前，泰戈尔的秘书恩厚之曾寄钱给新婚不久的徐志摩和陆小曼，希望他们出国学习，当时因小曼身体不好耽搁了。

这次志摩出国，刚到印度就写信给小曼："我想你极了，一离马赛，就觉到归心似箭，恨不能一脚就往回赶。此去印度真是没法子，为还几年的一个心愿，在老头（泰戈尔）升天以前再见他一次，也算尽我的心。"话虽如此，可见到老诗人，徐志摩还是非常开心的，老诗人就像父亲那样对待志摩，只有老诗人才理解他，鼓励他，安慰他。以徐志摩的性格，大老远跑来，内心又十分苦恼，肯定会将如今的处境和陆小曼的不争气统统告诉老人，也就有了老人第二年特来看陆小曼，有鼓励说服之意。

同年 11 月中旬，志摩回国，发现陆小曼的生活没有任何变化，而且和翁瑞午走得更近。他把自己的苦恼诉给那些真正关心自己的朋友。

1929年3月19日，泰戈尔到日本、加拿大讲学之前，路过中国，特意过来看望徐志摩和陆小曼，他也是放心不下徐志摩。

老诗人来信说这次拜访只是看小曼和志摩两个人，他想偷偷在志摩家里住几天，做个朋友的私访，大家在一起聊聊家常，越随便越好。虽然他是这么说，可志摩却是为了老人的到来做足了准备工作，他动手把三楼布置成一个印度式房间，里面的一切都模仿印度风格，费了很多心血，小曼看着有趣，心里也开始巴望着老诗人的到来。

老诗人这次前来只带了个名叫Chanda的秘书，刚进门，志摩和小曼就急着领老诗人去那间印度式房间，可老诗人并不喜欢，反而对他们的卧室大加赞扬："我爱这间饶有东方风味、古色古香的房间，让我睡在这一间罢！"

老诗人还没见过陆小曼，在上海期间，陆小曼表现得很好，推掉所有应酬，每天与志摩一起陪老诗人说话。老诗人非常慈爱地对待他，据小曼回忆，那是她和志摩结婚之后最快活的几天。老诗人这次来没有到处演讲，而是在志摩家中静住了两三天，和他们夫妻如同一家人一样交谈。

老诗人的生活很简单，睡得晚，起得早，喜欢静，有时候会和志摩谈几个小时的诗，他还经常把自己的诗篇读给小曼听，小曼很是喜欢。

一次，老诗人带志摩夫妇去赴一个同乡的约，都是印度人，老诗人在介绍志摩和小曼的时候说他们分别是他的儿子和媳妇，让小曼着实欢喜。

也许老诗人曾婉言劝说陆小曼收心敛性，可老诗人走后，陆小曼并没有什么改观，一如从前，只是志摩闷闷不乐。

老诗人这次来给他们留了两幅字画，一幅是老诗人的自画像，用毛笔作的，近看是一位老人的大半个身子，远看如同一座小山。右上角用钢笔写了首英文小诗："小山盼望变成一只小鸟，摆脱它那沉默的负担。"还有一幅是诗，用孟加拉文写的，翻译过来就是：路上耽搁樱花谢了，好景白白过去了，但你不要感到不快，（樱花）在这里出现。这首诗寓意深刻，大概还是希望徐志摩可以快乐起来，感受生活的美好。老诗人送给陆小曼三件礼物：一只用头发与金丝线绞成的手镯、一张精美包书纸和一块印度风格的头巾。

陆小曼其实知道志摩想要的是什么，只是她的生活和诗人们的生活相差太远，她很难改变。

1923 年 12 月，徐志摩在《明星与夜蛾》的诗中写下关于爱情和女人的哲理关系，据研究专家说，这首诗是徐志摩追求林徽因未果而作，意思是说，太完美的女人只能被人膜拜，而男人需要的是一个真实的活生生的女人。他写道："我们爱一个女子——一个众恶的，愆尤的，无常心的，易变的，不依理的，可怜悯的，善心的，仁恕的，很人道的女子。"没想到他爱着的女人就是如此，善恶如此掺揉在一起，让人无可奈何。

2. 请求与沉迷

1930 年，光华大学发生了一件事，学校选出校务执行委员会委员之一的徐志摩，在国民党支持的特务学生杨树春闹事事件中，坚决反对政府干涉校政，他因此而被政府当局辞退，在胡适等人的介绍下，为他在北京找了份不错的工作。

当然，徐志摩本人也早就厌恶了上海这种浊蚀人筋骨的十里洋场，他多次说自己不是洋场人物，不适合洋场生活，一直劝陆小曼离开，可陆小曼就是不听。在上海，除了腻烦就是腻烦，没什么值得留恋的。这一次，徐志摩没有迁就陆小曼，独自北上。

虽然陆小曼没有答应与志摩一同北上，可言语之中却是埋怨他的，责备他忍心离开体弱多病的自己。徐志摩只好苦口婆心地给陆小曼解释："上海的环境我实在不能再受。再窝下去，我一定毁；我毁，于别人亦无好处，于你更无光鲜。因此忍痛离开；母病妻弱，我岂无心？所望你能明白，能助我自救；同时你亦从此振拔，脱离痼疾；彼此回复健康活泼，相爱互助，真是海阔天空，何求不得？”

说明了自己离开上海的原因后，他又说出了自己多年来的苦衷，在上海家中没有任何愉快可言：“我们这对夫妻，说来也真是特别；一方面说，你我彼此相互的受苦与牺牲，不能说是不大。很少夫妇有我们这样的脚跟。但另一方面说，既然如此相爱，何以又一再舍得相离？你是大方，固然不错，但事情总也有个长理。前几年，想起真可笑。我是个痴子，你素来知道的。你真的不知道我曾经怎样渴望和你两人并肩散一次步，或同出去吃一餐饭，或同看一次电影，也叫别人看了羡慕。但说也奇怪，我守了几年，竟然守不着一单个的机会，你没有一天不是有约会的，我们从没有私生活过。到最近，我已然部分麻木，也不想望那种世俗幸福。即如我行前，我过生日，你也不知道。我本想和你同吃一餐饭，玩玩。临别前，又说了几次，想要实行至少一次的约会，但结果我还是脱然远走，一单次的约会都不得实现。”徐志摩说到这些的时候，想必内心既有悲苦，又有怨愤，所以这次北上可以说是有些“负气”的。

他和陆小曼缺乏精神共鸣。身为丈夫，竟然不能和妻子单独约会，说出来有几个会信？陆小曼的确是有些过分了，竟然完全地冷落了志摩，既然待在这里也是被晾着的份，何不换个让自己心里舒服点的地方？

徐志摩其实是个舍不得爱人的人，虽然两地分居给彼此相见带来了不便，而且身边没有女人温情的话语和悉心的呵护，可他不敢奢求小曼为自己做这些，他只希望小曼有一天能被自己说服，和自己一同北上。

人在北京，却经常写信询问她的身体状况，鼓励她精进，换来的却是小曼的嗔怪和挖苦，以至于后来志摩写信求她："你来信说几句亲热话，我心里不提有多么安慰？已经南北隔离，你再要不高兴我如何受得？所以大家看远一些，忍耐一些，我的爱你，你最知道，岂容再说。"志摩和小曼的矛盾越来越激烈，几乎没什么共同语言了。

为了生计，徐志摩在上海和北京之间奔波，他说："我在狠命写《醒世姻缘》序，但笔是秃定了，怎样好？诗倒是作了几首，北大招考，尚得帮忙。"朋友们都看到了志摩的忙碌，所以劝他到北京来，让他把小曼也接着一起来。

徐志摩在信中劝小曼："你如能真心帮助我，应得替我想法子，我反正如果有余钱，也绝不自存。我靠薪水度日，当然梦想不到积钱，唯一希冀即是少债。"此时的他，经济方面已经捉襟见肘、入不敷出。他担心再这样下去，自己的才华和灵气会渐渐泯灭："安乐是害人的……我的笔尖再没有光芒，我的心上再没有新鲜的跳动，那我就完了……要知道堕落也得有天才，许多人连堕落都不够资格。我自信我够，所以更危险。因此我力自振拔，这回出来清一清头脑，补足了我的教育再说——"他想让小曼迁就自己一次随他来北京，可她至终不肯。

为了回来便利，志摩从航空公司财务组主任保君健那儿拿了张名片，上面写着，不管是哪次邮政班机，他都能免费搭乘。小曼得知此事后，内心非常不安，对他说："我不想让你坐飞机，赶快将保君健的名片给我。"志摩说："你知道我们如今的经济状况，你不让坐免费飞机，坐火车是要花钱的啊，我一个穷教授，又要管家，哪有那么多钱坐火车？"遇到实质性问题，小曼也是没办法，只好说："心疼钱，那你还是尽量少回来吧。"可事实上，志摩是没法少回来的，家中一摊子事要他收拾。仅1931年上半年，志摩就在上海、北京来回奔波了八次，可他们之间的结不仅没能好好解决，反而隔阂日渐加深。小曼给徐志摩一封信中说："近日甚少接家书，想必是侍候他人格外忙了，故盼行动少自尊重，勿叫人取笑为是。"

1931年3月19日，徐志摩给陆小曼写了一封言辞严厉的信，信中斥责陆小曼之所以舍不得离开上海，是因舍不得鸦片和与她一同抽鸦片的人。他说："我想只要你肯来，娘为你我同居幸福，决无不愿同来之理。你的困难，由我看来，决不在尊长方面，而完全是积习方面。积重难返，恋土情重是真的……就算你和一个地方要好，我想也不至于好得连一天都分离不开。况且北京实在是好地方。你实在过于执一不化，就算你这一次迁就，到北方来游玩一趟：不合意时尽可回去。难道这点面子都没有了吗？现在我需要我缺少的只是你的帮助与根据真爱的合作。"这封信不仅体现出了志摩的严肃，更感觉到他们夫妻之间的疏远。

接下来的另一封信，志摩谈及来北京的事。这次他开始哄小曼："饭后去中和，是我点的戏，尚和玉的《铁龙山》，凤卿文的《昭光》，梅的头二本《虹霓关》。我们都在后台看得很高兴。头本戏不好，还不如孟丽君。慧生、艳琴、姜妙香，更其不堪。二本还不错，这是我到此后初次看戏。明晚小楼又有戏，但我不能去。小曼，北京实在是比上海有意思得多，你何妨来玩玩。我到此不满一月，渐觉五官通美，内心舒泰；上海只是消浊筋骨，一无好处……小曼，我觉得离家已有十年，十分想念你。小蝶他们来时你同来不好吗？你不在，我总有些形单影只，怪不自然的。"他知道小曼喜欢看戏，喜欢热闹，想借此诱哄小曼来一次，可小曼仍然不理。摆足了架子。

多次请求未果，徐志摩在 1931 年 5 月 12 日的信中开始责怪小曼的懈怠："我想到你那乱，我就没有勇气写好信给你。前三年我去欧美印度时，那九十多封信都到哪里去了？那是我周游的唯一成绩，如今亦散失无存，你总得改良改良脾气才好。我的太太，否则将来竟许连老爷都会被你放丢了的。你难道我走了一点儿也不想我？现在弄到我和你在一起倒是例外，你一天就是吃，从起身到上床，到合眼，就是吃。也许你想芒果或是想外国白果倒要比想老爷更亲热更急。老爷是一只牛，他的唯一用处是做工赚钱：牛这两星期不但要上课还要补课，夜晚又不得睡，心里也不舒泰。”此时的小曼正和翁瑞午等人游杭州，连一封信都顾不上给他回，小曼终日呼朋唤友、吃喝玩乐，与志摩之间的感情越来越疏远。

志摩埋怨小曼不给自己整理衣物：“我家真算糊涂，我的衣服一共能有几件？此来两件单哔叽都不在箱内！天又热，我只有一件白大褂，此地做又无钱，还有那件羽纱，你说染了再做的，做了没有？……你自己老爷的衣服，劳驾得照管一下。”随后又提及她来北京的事：“要演戏得来北京演，要根本调养也得来北京。”见陆小曼不回信，他便责怪道：“连一个恶心字也不给我寄。”这一激，还真激出一封信，她写道：“顷接信，袍子是娘亲手放于箱中，在最上面，想是又被人偷去了。家中是都已寻到一件也没有。你也须察看一下问一问才是，不要只说家中人乱，须知你比谁都乱呢。现在家中也没有什么衣服了，你东放两件西放两件，你还是自己记记清，不要到时来怪旁人。我是自幼不会理家的，家里也一向没有干净过，可是倒也不见得怎样住不惯，像我这样的太太要能同胡太太那样能料理老爷是恐怕有些难吧，天下实在很难有完美的事呢。玉器少带两件也好，你看着办吧。既无钱回家何必拼命呢，飞机还是不坐为好。北京人多朋友多玩处多，当然爱住，上海房子小又乱地方又下流，人又不可取，还有何可留恋呢！来去请便吧，浊地本留不得雅士，夫复何言！”

志摩被小曼呛得不轻，他只觉心灰意冷。1931 年 6 月

25日的信终和小曼她摊牌：“不过你一定要坚持的话，我当然也只能顺从你（指不来北京的事）；但我既然决在北大做教授，上海现时的排场我实在担负不起。夏间一定得想法布置。你也得原谅我。我一人在此，亦未尝不无聊，只是无从诉说。人家都是团圆了。叔华已得通伯，徽因亦有了思成，别的人更不必说常年常日不分离的。就是你我，一南一北。你说是我甘愿离南，我只说是你不肯随我北来。结果大家都不得痛快。但要彼此迁就的话，我已在上海迁就了这多年，再下去实在太危险，所以不得不猛省。我是无法勉强你的；我要你来，你不肯来，我有什么法想？明知勉强的事是不彻底的；所以看情形，恐怕只能各行其是。”志摩决定不再迁就、勉强小曼，各行其是。

3. 水火不容难倒君

徐志摩的母亲病重，他立即回家探望，可徐父说什么都不让陆小曼来，说是小曼来他就走。志摩非常生气，可碍于母亲病重，不好发作。考虑到父亲是个吃软不吃硬的人，他想让小曼到父亲在上海的住处提出申请，小曼还算是个识大体的女人，情愿自己受点儿委屈。可到了那儿，公公根本不在。

徐母去世，按理来说小曼应该到场，但是徐父坚决不同意，对此徐志摩非常生气，和父亲顶撞了几句，徐父竟然到灵堂前大哭。从那晚起，徐志摩变得更加郁郁寡欢，疼爱自己的母亲去世了，父亲和爱妻水火不容，他的心里也苦啊。

婆婆的葬礼不能参加，对陆小曼而言是沉重的打击，她无法接受这个事实，就把气撒在了志摩身上，徐志摩一边要对付父亲，一边又要安慰妻子，心力憔悴。他写信说：“至于我们这次的受欺压，我虽懦顺，绝不能就此罢休。但我却要你和我靠在一边，我们要争气，也得两人同心合力的来。我们非得出这口气，小发作是无谓的。别看我脾气好，到了僵的时候，我也可以僵到底的。并且现在母亲已不在。我这份家，我已经一无依恋。父亲爱幼仪，自有她去孝顺，再用不到我。这次拒绝你，便是间接离绝我，我们非得出这口气。”

小曼听到丈夫向着自己，为了自己不惜与父亲疏远，她的气自然出了一大半。但是此事仍然成了小曼的心结，她明白自己在别人眼中是什么样的形象，虽然那个形象是她一手塑造的。

虽然志摩口口声声说给小曼出气，不理自己的父亲，但是半个月后，自己父亲过 59 岁大寿，孝顺的他仍然回到砍石为父亲祝寿。其实一直以来，父亲都没有责怪过自己的儿子，他只是心疼儿子，只是看不惯那个奢靡、不懂为妻德的儿媳妇。

父亲大寿那天，志摩请求和小曼一同前往，可仍然被父亲坚决拒绝了。徐志摩只好独自回家。陆小曼感觉徐家处处和自己作对，任性的她甚至痛恨起志摩来，经常对他大吵大闹。

小曼郁闷，和翁瑞午带着自己的两个堂侄子到杭州游玩，志摩觉得理亏，也不好说什么，只是酸溜溜地说："娘子一人守家多可怜，但我希望你游西湖心快活。身体强健。"徐志摩继续要求小曼和自己一同去北京，他说她到北京后，肯定会精神焕发，脱离痼疾，二人互相友爱，从此海阔天空。

可小曼却把徐父让她受的委屈撒在了志摩身上："北京对你而言，当然是'有意思的多'，对我又有什么呢？"志摩说，朋友都说你"聪明有余，毅力不足"，你为什么不拿出实际行动来，让他们惊讶一回。小曼说："什么毅力，全叫老爷子给磨灭了。哪个家庭，连婆婆过世，媳妇都不能来送葬；哪个家庭，公公做寿，不允许媳妇来拜寿，只有你们徐家。"志摩没法答复，只好独自北上。

这世上的事，哪有真正的对与错、是与非，无非机缘巧合，发生了诸多误会，随着岁月入了心，成了坎儿，谁都过不去。

4. 渐失色彩的诗人

至 1931 年 6 月 4 日，徐志摩来北京不到 4 个月，除了自用费用，已经给家里寄近三千元，他规定陆小曼每个月只能用五百元，可五百元根本不够小曼的开支，到了这个月又需要借钱，以至于徐志摩记得连觉都睡不好。

后来，他和陆小曼商量在房子、车子、厨房上节省一些，因为他们的房子太大了，太奢侈，他劝小曼卖掉车子，辞掉一些佣人，因为家里吃闲饭的实在太多了。可小曼不肯，她铺张惯了。徐志摩希望可以把家里的开支节省到每个月四百元，可小曼只鸦片和医药两项费用就得三百元，再加上车子、衣物、佣人的开销，每个月最少六百元，志摩实在有些担负不起，这种靠借债生活的日子让他感到难堪。

为了满足小曼的开销，诗人开始像翁瑞午之流那样做起了房地产中介人，希望可以赚点佣金补贴家里的亏空，可这点佣金赚得并不顺利，原本就很忙的徐志摩根本没有太多闲暇的时间去打理，他想写诗，可是他忙到空有才情没时间，这大大影响了他的精神状态。

但是没办法，他急着用钱，急到买一张机票回家的钱都没有，以致在他去世前，还欠下了五百元的债。他想重新振作起来，可妻子并不给他机会，闹分居不说，还把家财挥霍一空。他的日子可以说暗无天日，而妻子似乎全然不知。

“人非草木，孰能无情。”外界都在传陆小曼和徐志摩失和的消息，徐志摩曾写信给上海报界钱芥尘，“事实是我们不但从未‘失和’，并且连贵报所谓‘龃龉’都从来没有知道过”。

志摩一直都想挽回小曼，他对小曼心存爱意、包容，对她有亲情，他说：“我的愁大半是为你在愁，只要你说一句达观话，说不生我气，我心里就可舒服。乖，至少让我们俩心平意和地过日子，老话说得好，逆来要顺受。”

志摩写信说：“我不在家中，不能与你对饮一杯蜜酒，为你庆祝安康。”秋风习习，冷月高悬，志摩更是觉得满心的惆怅，他想象着小曼此刻肯定也是如此，绵绵的思念之情不由得溢于纸上：“我一人在此，亦未尝不无聊，只是无从诉说。人家都是团圆了。叔华已得了通伯，徽因亦有了思成，别的人更不必说常年常日不分离的。就是你我，一南一北。”别人的妻子再好也是别人家的，有自己的丈夫陪着。寂寞之中，他记起了自己的妻。

1931 年 11 月，小曼一连给志摩发了好几份电报，催他回家，志摩很开心，以为是妻子想念自己，立刻托关系预定到送顾维钧到南京的座机，由于飞机延误，他和北平的好朋友一一话别，他对许地山说："也许永远不再回来了。"什么意思？难道是看到爱妻回心转意，想相伴终老？

随后，他去看凌叔华，看到她正在本子上抄写他的文章，而且题曰："志摩先生千古。"志摩当时还打趣说："哪能就千古了呢？"他临走还给林徽因留了字条："定明早六时起飞，此去存亡不卜……"这话说得夸张吓人，徽因读后立刻回电报给他，他却故作豁达地说："你放心，很稳当的，我还要留着生命看更伟大的事迹呢，哪能便死？"徐志摩真的是肆意惯了，任何话在他口中都可随意而出。

从北平返沪一路平安，13日到达上海时他就急匆匆回家了，可谁知，一回家就看到陆小曼仍然横陈榻上吞云吐雾，发那么多份电报催他回来只是因为手头拮据。志摩顿觉心寒似冰，两人大吵一架。陆小曼盛怒之下竟然用烟枪砸志摩的脸，躲闪之间，金丝眼镜被打破，他伤心离家，一夜未归。第二天到刘海粟处，中午去罗隆基处用餐，午后再次回到刘海粟处。在外流连几天，满以为小曼气消之后会再次回到自己的怀抱，却没想到，回家之后看到的却是小曼的绝情信。

陆小曼的信里究竟写了什么，我们不得而知，但从她第二天上午匆忙之中写给徐志摩的道歉信中，不难推断，大致是有意刺激、伤害、侮辱徐志摩的话，她在道歉信中说："我没有再说话权了！我忍心么？我爱！你是不会怨我的亦绝不骂我的，我知道的！可是我自己明白了自己的错比你骂我还难受呢！我现在已经拿回那封信了，你饶我吧！忘记了那封被一时情感激出来的满无诚意的信吧！实在是因为我那天晚上叫娘骂得我心灰意懒的，仿佛我那时间犯了多大的罪似的，恨不能在上帝前洗了我的罪立刻死去。现在我再亦不会写那样的信给你了，就算是你疑我也不怨你，不过摩呀我的心！你非信我爱你的诚心，你要我用笔形容出来，是十支笔都写不出来的，摩呀！你要是亦疑心我或是想我是个卖弄风情的女人，那我真是连死都没有清白的路了，摩呀！今天先生这些话使我心痛的厉害，咳！难道说我这几个朋友还疑心我，还看不起我么？可是我近来自己亦好怕我自己，我不知先的活了，有时我竟觉得我心冷得如灰一样，对于无论何事都没有希望，只想每天胡乱的过去，精乏力尽后倒床就睡。我前年的样子又慢慢的回来了，我自己的本性又渐渐的躲起来了，他人所见的我——不是我本来的我了。摩呀，我本来的我恐怕只有你一人能得享受，或是永不再见人。”只可惜小曼的这封忏悔信，志摩至终是没读到。

5. 意外的飞机事故

志摩这次彻底伤透了心，小曼的所作所为和他所期待的相差太远，他本来安排的会面是这样的："我真恨不得今天此时已到你的怀抱——说起咱们久别见面，也该有相当表示，你老是那坐着躺着不起身，我枉然每回想张开胳膊来抱你亲你，一进家门，总是扫兴。我这次回来，咱们来个洋腔，抱抱亲亲如何？这本是人情，你别老是说那是湘眉一种人才做得去……况且你又何尝是没有表情的人？你不记得我们的"翡冷翠的一夜"在松树七号墙角里亲别的时候？我就不懂何以做了夫妻，形迹反而得往疏里去！"

翁香光说："陆小曼的性情颇为温柔，用烟枪打徐志摩的眼镜之事是不可能的，且陆小曼对徐志摩的生活起居一向不干涉。"在志摩的日记中也常提到小曼是个非常温柔的人，且宽宏大量。这次的负气而走，没想到却成了天人相隔。

18 日，他来到南京，住在朋友何竞武家中，晚上一同来到张歆海家里，而且遇到了杨杏佛，随后，张歆海的夫人韩湘眉开始讨论“人生与恋爱”的话题，当她发现徐志摩穿着短小而且腰间破了个窟窿的西装裤子，系着一根破旧的腰带时，志摩只是自嘲说出来得匆忙，随便穿戴的。

谈笑之间，韩湘眉突然说了句：“Suppose something happens tomorrow（说不定明天会有什么事发生），志摩！”徐志摩笑着问：“你怕我死么？”“志摩！正经话，总是当心点的好。司机是中国人，还是外国人？”“不知道！没有关系，I always want to fly（我总是要飞的），我以为天气晴朗，宜于飞行。”“你这次乘飞机，小曼说什么没有？”“小曼说，我若坐飞机死了，她作 Merry Window（风流寡妇）。”杨杏佛接话道：“All window are merry（凡是寡妇皆风流）。”大家一起开心地笑了起来。

之后他们开始谈论志摩此后在北平的生活，又谈了些国事。夜深了，客人告辞，徐志摩和韩湘眉吻颊而别。当晚，志摩住在何竞武家，因为何家离机场较近，第二天志摩还要飞回北平。

19 日上午 8 时，雾，不宜飞行。可是当晚林徽因在北平协和小礼堂为外国使节演讲中国建筑艺术，徐志摩不想错过，于是登机，飞机起飞。

10 点 10 分，飞机飞至徐州。徐志摩给陆小曼去一短信，说是“徐州有大雾，头痛不想走了，准备返沪”。

10 时 20 分，飞机再行北飞。到中午 12 时半，飞机在济南党家庄附近触山爆炸。三个人中正驾驶和副驾驶烧为焦炭，徐志摩头部撞出大洞，门牙全部被磕掉，因求生爬行，指甲里面塞满泥土，可最终没能抓过死神，享年 36 岁。当时陆小曼 29 岁。

徐志摩曾在文章里写：“人们原来都是会飞的。天使们有翅膀会飞，我们初来时也有翅膀会飞。我们最初来就是飞了来的，有的做完了事还是飞了去，他们是可羡慕的。”他崇拜英国诗人雪莱，“尤其奇怪的是他一天到晚羡慕他（雪莱）的覆舟的死况”。现如今撞山而死，倒也算遂了心愿。

当时的《新闻报》如此报道：“该机于上午 10 点 10 分飞抵徐州，10 点 20 分继续北行，是时天气甚佳。想不到该机飞抵济南 50 里党家村附近，忽遇漫天大雾，进退俱属不能，致触山顶倾覆，机身着火，机油四溢，遂熊熊，不能遏止。飞机师王贯一、梁壁堂及乘客徐志摩，遂同时遇难。死者三人皆三十六，亦奇事也。”

第九章

忏悔：我已返迷途，君在黄泉路

1. 阴阳永隔

志摩飞机遇难，送给他免费机票的南京航空公司主任宝君健亲自跑到徐家给陆小曼送信。得知志摩去世的消息，小曼当场昏厥，王映霞曾描述她当时的模样 :“见到我们挥挥右手，就算是招呼了，我们也没有什么话好说，在这场合，说什么安慰的话都是徒劳的……小曼蓬头散发，大概连脸都没有洗，似乎一下老了好几个年头。”

大散文家郁达夫也难以描摹小曼的悲状，他说 :“悲哀的最大表示，是自然的目瞪口呆、僵若木鸡的那一种样子，这我在小曼夫人当初接到志摩凶耗的时候曾经亲眼见到过。”

小曼清醒后，坚持到山东党家庄接志摩遗体，最后被朋友和家人劝住，因为她身体不好，不能再受刺激。

宝君健又找到张幼仪，因为张幼仪和徐志摩的儿子以及父亲在一起生活，张幼仪冷静地处理了这件悲痛的事，她让 13 岁的儿子徐积楷和八弟到山东认领尸体。

12 月 20 日，在上海万国殡仪馆大殓，在静安寺举行了公祭。灵前哭倒的两个人，一个是陆小曼，一个是张幼仪。

最悲痛的还是徐志摩的父亲，他哀痛、悔恨、难过，觉得是陆小曼害死了自己的儿子，如果不是她奢侈无度，儿子何须为了供养她南北奔忙。白发人送黑发人，老人痛彻心扉，他在挽联中写道：

考史诗所载，沉湘捉月，文人横死，各有伤心，

尔本超然，岂期邂逅罡风，亦遭惨劫？

自襁褓以来，求学从师，夫妇保持，最怜独子，

母今逝矣，忍使凄凉老父，重赋招魂？

可以说，徐志摩去世之后，徐父对陆小曼的恨更深了。

小曼作为亡妻作了一副挽联：

多少前尘惊噩梦，五载哀欢，匆匆永诀，天道复奚论，欲死未能因老母；

万千别恨向谁言，一身愁病，渺渺离魂，人间应不久，遗文编就答君心。

现场唯一的遗物是一幅山水画长卷，小曼看到这幅画卷更是痛苦不已。这是小曼1931年创作的，志摩一直随身携带，想到北京找人题跋，由于放在铁箧中，所以完好无损。

这幅画的题跋出自邓以蛰、胡适、杨铨、贺天健、梁鼎铭、陈蝶野等人之手。邓以蛰为其装裱，并加跋：“华亭端的是前身，绿带阴浓翠带醺，肯向溪深林密处，岩根分

我半檐云。”胡适在他之后题：“画山要看山，画马要看马，闭门造云岚，终算不得画。小曼聪明人，莫走这条路，拼得死工夫，自成真意趣。小曼学画不久，就作这山水大幅，功力可不小！我是不懂画的，但我对于这一道却有一点很固执的意见，写成韵语，博小曼一笑。”杨铨接着题了首诗，和胡适唱反调：“手底忽现桃花源，胸中自有云林泽；造化游戏成溪山，莫将耳目为梏桎。小曼作画，适之讥其闭门造车，不知天下事物，皆出意匠，过信经验，必为造化小儿所笑了。”梁鼎铭是针对胡适的论点题的字：“只是要有我自己，虽然不像山，不像马，确有我自己在里，就得了。适之说，小曼聪明人，我也如此说，她一定能知道的，适之先生以为何如？”……

虽褒贬不一，但谑情之中无不透露着对小曼的宠爱。志摩一死，大家都将矛头对准小曼，批评、指责小曼，甚至有的朋友至此不再与她来往。如徐志摩好友何竞武，一直不肯原谅小曼，在他看来，就是陆小曼贪恋上海的浮华奢靡不肯北上，才最终引发了悲剧。

其实徐志摩失事不能全怪陆小曼，小曼曾劝志摩坐火车，他不听，还为了听林徽因的讲座在雾天搭免费邮政机。小曼曾说：“志摩之死，死于林，死于情者也。”张幼仪还算明理，她说：“我对陆小曼并没有敌意，她和徐志摩之间发生什么事，是他们的事，因为我已经和他离婚了。陆小曼晚我三年离婚，那个时候中国已经变得很不一样了，为了自由恋爱，离婚成了时髦风气。她能够和她的丈夫离婚，改嫁徐志摩，我为她高兴。”

小曼说志摩因林徽因而死其实是有一定道理的，林徽因的弟弟林宣曾说过：“他（徐志摩）到香山跟我姐叙旧，舒舒心气。他还说了很多陆小曼的不是。陆小曼也有优点嘛，他都不提。”志摩只是为了讨好林。

凌叔华曾为小曼写文章抱屈，而且致函陈从周说：“可惜小曼也被友人忽视了，她有的错处，是一般青年女人常犯的，但是大家对她，多不原谅。”陆小曼的母亲也为女儿抱不平：“志摩害了小曼，小曼也害了志摩，两人是互为因果的！”指责小曼的人都是志摩的朋友和幼仪的亲故，他们通过写文章的形式批评小曼，陆家失势，只好忍气吞声。

郁达夫的话比较客观，他说：“情热的人，当然是不能取悦于社会，周旋于家室，更或至于不善用这热情的，志摩在死的前几年那一种穷状，那一种变迁，其罪不在小曼，更不在志摩自身……”郁达夫的抱怨是对整个传统、整个社会的不满。

哪怕陆小曼是个节俭的女人，志摩只坐一次飞机，也有失事的可能。有人说名媛犹如名花，小曼并非普通女子，名花自然需要十倍百倍的呵护。志摩养不起小曼不代表小曼不值得他养，只不过小曼既然选择了志摩、爱志摩，就该为他考虑一点，而不是继续自己的刁蛮任性、大手大脚。

陆小曼心气高傲，自幼小立志享受其他女人没享受过的生活。而徐志摩则认为“爱，在俭朴的生命中，是有真生命的；在奢华的生活中，即使有爱，不能纯粹，不能自然，像是热屋里烘出来的花，一半天就有衰萎的忧愁”。精神层面的差异导致了他们婚姻的悲剧。

2. 悔恨当初奢靡

志摩的去世让她体验到了爱与恨、生与死、悔痛与哀伤。她在《爱眉小札》的序中这样写道：“到这儿，我不觉要向上天质问为什么我这一生是应该受这样的处罚的？是我犯了罪么？何以老天只薄我一个人呢？我们既然在那样困苦中争斗了出来，又为什么半途里转入了这样悲惨的结果呢？生离死别，幸喜我都尝着了。在日记中我尝过了生离的滋味，那时我就疑惑死别不知更苦不？好！现在算是完备了。甜、酸、苦、辣，我都尝全了，也可算不枉这一世了。”

志摩去世后，小曼开始记起志摩种种的好，她说：“我只要稍有不适即有你声声的在旁慰问，咳，如今我即使是痛死也再没有你来低声下气的慰问了。我再也听不到你那叽咕小语了。”她说自己因为徐志摩的死，痛得流着鲜红的血：“摩，我在这儿叫你呢，我喉咙里叫的直要冒血了，你难道还没有听见么？”可是晚了，志摩再也不会回来了，你“枉然用鲜血注入我的心”，这是徐志摩一句现成的诗句。

前半生，她挥金如土，挥霍青春，从不听志摩的劝，如今志摩的死却换来了她的幡然悔悟。她说：“我现在很决心的答应你从此再不张着眼睛做梦躺在床上乱讲，病魔也得最后与它决斗一下，不是它生便是我倒，我一定做一个你一向希望我所能成的一种人，我决心做一点认真的事业。”

志摩死后，小曼的确变了。她如梦初醒，闭门不出，终身素服，每天供着志摩的遗像，给他供鲜花：“艳美的鲜花是志摩的，他是永远不会凋谢的，所以我不让鲜花有枯萎的一天。”她在玻璃板下压了一张用正楷写的白居易的诗：“天长地久有时尽，此恨绵绵无绝期。”

陈定山先生在《春申旧闻》中说：“徐志摩去世后，她素服终身，从不看见她去游宴场所一次。”王映霞也回忆说：“他飞升以来，小曼素服终身，我从未见到她穿过一袭有红色的旗袍，而且闭门不出，谢绝一切比较阔气的宾客，也没有到舞厅去跳过一次舞……在她的卧室里悬挂着徐志摩的大幅遗像，每隔几天，她总要买一束鲜花送给他。”

大概这就是她的忏悔吧，用徐志摩《枉然》中的诗句说：“纵然上帝怜念你的过错，他也不能拿爱再交给你！”这也许就是不懂珍惜的报复吧。世事无常，如果把每一天都当成最后一天来过，也许就不会有那么多的遗憾了吧。

1933 年清明，陆小曼独自到硖石给徐志摩上坟，这也是她最后一次到硖石。她和徐志摩在硖石的婚房被徐家没收了，回来后，她作了一首诗：

肠断人琴感未消，此心久已寄云峤。

年来更识荒寒味，写到湖山总寂寥。

志摩走了，她也不折腾了，整个人都静下来了。洗尽铅华，甘愿淡泊。

3. 鼓起勇气开始新生活

亡羊补牢，未为迟也。小曼决定擦干眼泪，面对现实，为志摩做点什么，这一做就是十年。

2000 年，由徐志摩、陆小曼合作编写的话剧《卞昆冈》在上海首次公演。这是一部诗歌话剧，很多台词单独欣赏就是一首诗。剧本唯美，就连肉铺老板的语言都那么的雅致。剧情发展和推进虽然有些冷清。可观众并不过于计较，他们只是透过话剧静静“欣赏”徐志摩和陆小曼。

这部话剧其实是1928年三四月之间，徐志摩拉着陆小曼一起创作出来的，这也是徐志摩和陆小曼唯一合作的作品，也是徐志摩唯一创作的剧本，更是他和陆小曼热恋时的产物。剧本基本由二人共同构思、思维碰撞，一个人执笔写作。当然了，陆小曼手懒，想来应该是徐志摩执笔。不过剧本的结构是陆小曼想出来的。

虽然话剧的出演并不是很成功，毕竟话剧是西方的表演形式，填上中国式的表达方法，终归看起来不那么合契，不过也算是徐志摩为了唤醒陆小曼的才能所做的努力。

“遗文编就答君心”是为了让志摩的作品流传下去，陆小曼开始着手编写《志摩全集》。这项工程非常浩大，志摩的诗文散文发表在各大杂志报纸上，并未留底稿。还有就是志摩死前与友人们的往来信件，而他的友人又刻意疏远小曼。再者，志摩已去，朋友们并不热衷于为他整理文集，特别是那些涉及自己隐私的信件，更是不愿意拿出来示人的。而且小曼身体一直不好，在家靠父母，出嫁后一直靠丈夫，如今丈夫去世，她必须独立起来。

志摩去世后的2个月里，小曼每天都在画画，她画的扇面和很多老前辈的放在一起，卖十几元一把，居然没几天就卖完了，而且有外省的人预订。

徐父对陆小曼恨之入骨，最后由胡适交涉，每月给陆小曼两百大洋。大房子不能住了，她开始算小账，给胡适的信中说“大约也少志摩三百块钱”，而且让胡适到北大要志摩的工资。

小曼曾经对前来探望她的女作家赵清阁说：“我在上海简直没有朋友，于是每天在绝对的寂寞中度过，上午睡觉，下午起来看看书，作作画，夜间便通宵伴着孤灯抽烟，喷雾，让烟雾迷漫整个心灵。”那些原来一起玩闹的朋友不过是酒肉朋友，难怪志摩他曾提醒她：“朋友走进你屋子东张西望时，他不是诚意来看你的。”

志摩虽然是忠厚温柔之人，但也比陆小曼多了些对世故人心的了解。小曼在编全集期间，曾对赵清阁说起这样一个奇异的梦：“我开始编辑《志摩全集》的时候，有一天晚上，我梦见了志摩，清清晰晰的他好像活着一样地洒脱，聪明的神气，我仿佛在书案上看他的稿子，他从我的背后走过来拍拍我说：‘我真感激你，你这样辛苦地为我编全集，可是这不是一件简单的事，你不必太热心了，尤其不能抱过大的希望。’我听了他的话不明白，我问他：‘为什么？’他笑了笑说：‘人在世情在，人亡世情亡，全集的材料不全，你必须求朋友帮忙，这就会使你失望，我可以告诉你，日记一部分需要三年工夫，小说有一本永远没有办法；再加上其他种种原因，恐怕九年以后能成功，不信你等着瞧吧！’当时我真的不信，所以醒后我一点不以为然。我仍旧积极地工作，直到后来，甚而直到现在我才完全相信了，事实果然不错，志摩在世是智慧过人的，死后依然过‘人’！”

志摩死后，小曼最先求助于胡适，他是志摩最好的朋友，也促成了两人的婚姻。小曼在文艺方面天赋俱佳，再加上志摩的熏陶，却似有些许志摩的神韵。

胡适表示了自己对她独自编《志摩全集》的担忧。小曼立刻回信表决心：“现在我也不爱多讲，因为不信的是始终不信的，事情只在做不在说，就是说破嘴，不信的还是不信，大家等着将来看吧……究竟我不是一个没有志气的人。”她告诉胡适，自己没有经验，不敢负此重任，但是她可以编日记和信件，而且要胡适带来。可胡适一直没把志摩和她的日记交给她，小曼有些不满：“文伯说叔华等因摩的日记闹得大家无趣，我因此很不放心我那一本，你为何老不带回我，岂也有另种原因么？这一次求你一定赏还了我吧。”

徐志摩亡后两年，陆小曼封存着他的文字，不敢看。志摩就像一个诗神，他走了，整个诗歌界似乎都冷落了，没了温度。她决意重抄徐志摩的日记，结果三千字抄了三天，身体的极度不适让她难以继续下去“不成、不行、躺下罢……”就这样，一躺就是多半天。

晚年，陆小曼与王亦令合作翻译《泰戈尔短篇小说集》，还译了艾米丽·勃朗特的自传体小说《艾格妮丝·格雷》，并编写通俗故事《西门豹治河》。

4. 林陆二人争宝箱

在前文中曾提到，徐志摩两次将装有信件的箱子交给凌叔华替自己保管，而且对她说："里面有些是小曼不能看的，有些是徽因不能看的，所以放在你这里最好。"

也就是说，这信箱中，有瞒着陆小曼的事，也有瞒着林徽因的事，唯独没有背着凌叔华的话，两人之间才是真正的红颜知己。

1928 年，志摩再次去欧洲，临行前仍然将一些日记和文稿交给凌叔华保管，当时他曾开玩笑："你得给我写一传，若是不能回来的话，这箱里倒有你所需的证件（日记、文稿等）。"凌叔华登时就急了，说他这话不吉利。其实当时的志摩心里正因小曼和翁瑞午的事儿烦心，难免言语消极了些。

这箱信件就是徐志摩的"八宝箱"，里面装着未给二人读过的日记和散文稿，聚积着徐志摩潜在的感情。凌叔华曾写信给胡适说："志摩于一九二五年去欧时，曾把他的'八宝箱'交我看着，欧洲归，与小曼结婚，还不要拿回，因为箱里有东西不宜小曼看的，我只好留下来，直到去上海住，仍未拿去。”

志摩死后，陆小曼和林徽因都来讨要这个箱子。林徽因的理由是：“大半年前徐志摩和我谈到当年在英国的一段往事，说到他的‘康桥日记’仍在，回硖石时可找出来给我看。”志摩既然说过给她看，那么自己就有权利看，所以她开始托胡适向凌叔华讨要。

可凌叔华谨记志摩的话，不能将“八宝箱”给林徽因和陆小曼其中的任何一个看，更不能给别人看。其实当时凌叔华已经心有所向，觉得陆小曼是徐志摩的未亡人，如果非要看，也该是给陆小曼看。

后来胡适一直讨要，凌叔华只好把徐志摩的箱子交给胡适，胡适又将箱子交给林徽因。小曼曾在信中提及：“叔华来信想将她那里的信送我，我真是万分地感谢她，在此人情浅薄的时间，竟有她这样的热心，叫我无以相对。”

胡适把箱子交给林徽因是出于什么心理？难道也是因为志摩的死对小曼耿耿于怀吗？小曼开始继续给胡适写信，信中的语气似在恳求：“先生我同你两年来未曾有机会谈话，我这两年的环境可说坏到极点，不知者还许说我的不是，我当初本想让你永久地不明了，我还有时恨你虽爱我而不能原谅我的苦衷，与外人一样的来责罚我，可是我现在不能再让你误会下去了，等你来了可否让我细细地表一表？因为我以后在最寂寞的岁月愿有一二人能稍微给我些精神上的安慰。”

她能求助的人实在不多，她希望胡适可以“在百忙中能将日后的办法好好地安排一下”。她是那样的无助、痛苦、歇斯底里：“叫我真不能一日活，我的眼泪也已流干，这两日只是一阵阵的干痛，哭笑不能，先生盼你救我一救吧！”终于，胡适在陆小曼的催促下将“八宝箱”中小曼的两本日记还给她。

至1935年10月间，陆小曼和赵家璧合作收集、整理、编辑的《志摩全集》基本完成，她仍然请胡适帮忙将别人手中的志摩日记和志摩给北方朋友的信、给胡适的信拿出来做整理，但胡适并未理会。

日子久了，小曼也了解了胡适的做法，对他渐渐疏离。直到最后，徐志摩的日记和书信都没收录全，她还自我调侃：“其他日记倒还有几本，可惜不在我处，别人不肯拿出来，我也没有办法，不然倒可以比这几本精彩得多。”这个“别人”其实说的就是林徽因。

林徽因拿到箱子之后，看到里面有两本陆小曼日记、三本徐志摩英文日记，其中一本就是她想找的“康桥日记”，日记是从1921年7月开始写的，但是前半部分却被凌叔华动了手脚，没了。没过多久，凌叔华想编一本“志摩信札”，到林徽因家中要徐志摩写给林徽因的信，林徽因却说信大多在天津，而且大都是英文的，一时拿不出来，惹得凌叔华很不开心。

随后，林徽因又想到凌叔华家取那半本日记，却没想到凌叔华不在家中，只留下一封信，说自己三四年中奔走四方，家里书物堆积如山，需要时仔细检查一下才可以找出来，这两天人事烦扰，等周末再来翻寻。看到这封信，林徽因气得整夜没睡，又去找胡适告状，胡适开始向凌叔华施压，对方只好交出前半本“康桥日记”。

林徽因看到日记的关键之处，刚巧在徐志摩刚要遇到她的前一两天就没了文字，又气又恼。她连续写信给胡适，逼他要回缺失的内容：“现在无论日记是谁裁去的，当中一段缺了是事实，她没有坦白地说明，对那几句瞎话没有相当的解释以前，她永有嫌疑的（志摩自己不会撕的，小曼尚在可问）。”胡适又找到了凌叔华，凌叔华也是心有怨言，本来受志摩之托，就必须尊重志摩生前的意思，但如今别人却以为她居心不良。她写信给胡适：“适之：外本璧还，包纸及绳仍旧样，望查收。此事以后希望能如一朵乌云飞过清溪，彼此不留影子才好。否则怎样对得住那个爱和谐的长眼人！……算了，只当我今年流年不利吧。我永远未想到北京的风是这样刺脸，土是这样迷眼。你不留神，就许害一场病……”

毋庸置疑，让她感到刺脸的就是林徽因，她对林徽因非常不满，也责怨胡适。收到这半本，胡适一查，仍然少了四页，他也有些生气，勉强忍耐，写信讨要，而且在日记中指责凌叔华：“这位小姐到今还不认错。”折腾了几次，最终也没个完美的结局，还伤了朋友之间的感情。

至 1982 年，凌叔华仍然对此事耿耿于怀，她写信给徐志摩的表妹陈从周，叙述了事件的整个过程："我说我应该交给小曼，但胡适说不必，他们人多势众，我没法拒绝，只好原封交与胡适。可惜里面不少稿子及日记，世人没见过面的，都埋没或遗失了。他（胡适）说要为志摩整理出书纪念……同时我知道如我交胡适，他那边天天有朋友去谈志摩的事，这些日记恐将滋事生非了。因为小曼日记内也常记一些是是非非，且对人无一点包涵（里面当然有褒贬林徽因的日记）……"

和林徽因费尽心机隐藏那些信件相比，小曼就显得坦荡多了。凌叔华把信交给胡适的时候，也嘱咐他交给小曼，但最终那些信也没到小曼手中。

但不管怎么说，势单力薄的小曼花了几十年的时间整理《志摩全集》，她的坚持是志摩生前的那些好友办不到的，似乎她的世界里，就这么一件重要的事。她有勇气出版志摩和她写的信和日记，任世人评说，这种勇气就不是普通人所有的。

5. 遗文编就多波折

正当陆小曼准备整理、编辑《志摩全集》时，徐志摩的学生赵家璧找到小曼，想向她要一张徐志摩的照片放到志摩生前答应他出版的《秋》的扉页上。看到志摩的遗作即将出版，小曼非常开心，对赵家璧说自己还有一些志摩遗稿、日记、书信等，并邀请赵家璧和自己一起做整理工作，时机成熟就出版。

赵家璧欣然应允，而且征求了茅盾的意见，茅盾鼓励他去搜集志摩其他的信札和日记。就这样，陆小曼和赵家璧开始分头找寻志摩的著作、日记，同时向各大图书馆、收藏家借阅文学期刊，收集散见在各处没有编入文集的文章，而且写信向朋友征求志摩书信。

1935 年 10 月，经过多方查找，终于编辑好稿件。共有十卷：诗集一卷、散文四卷、小说一卷、戏剧一卷、书信两卷、日记一卷。书信是最难征集的，志摩的朋友们不愿提供，只征到刘海粟、蒋慰堂、郭有守等人的几十封，小曼非常失望，可也不愿再去求人。她和赵家璧商量，自己也收藏了不少志摩的书信，可以编成一卷，虽然有的是不愿公开发表的。十卷收集好之后，原定的是在赵家璧所在的良友图书公司出版，刚好胡适来上海，赵家璧做东，小曼作陪。小曼和胡适谈起了编写全集的事情，希望胡适可以收集那些北方朋友的信件，而且请胡适为这套书作序，但胡适似乎没什么兴趣。

之后，胡适提议让小曼在商务印书馆出版《志摩全集》。商务印书馆馆长王云五表示愿意立刻预支一千元，对于正值经济危机的小曼而言，一千元不是个小数目，她立刻找到赵家璧解释，赵家璧明白自己的出版社没法和商务印书馆相比，只好应允。

小曼觉得十分对不住赵家璧，将志摩日记中的部分抽出来给良友出版社，由于书信太少，她又把志摩给自己的十几封信按诗人手迹影印了五百本，题目为《爱眉小札》，署名手心，后又出版了铅排本。小曼为整书作序。

小曼为《爱眉小札》作了三次序，第一次是《论语》杂志张振宇发表的部分稿件，请小曼作的序；第二次是良友首印作序；第三次是良友再版《爱眉小札》时作序。

初次序：在初恋的时候，人的思想、动作，都是不可思议的。他的尤其热烈，有许多好的文字，同他平时写的东西完全不同，我本不想发表的，因为他是单独写给我一个人的，其中大半都是温柔细语，不可公开的。不过这样流利美艳的东西，一定要大家共同欣赏，才不负他的美。

所以我不敢私心，不敢独受，非得写出来跟大家同看不可，况且从前他自己曾说过："将来等你我大家老了，拿两本都去印出来，送给朋友们看，也好让大家知道我们从前是怎样的相爱。等到头发白了再拿出来看，一定是很有趣的。"

期间，小曼还整理收集了徐志摩和自己在硖石老家那段时间写下的文字，题为《眉轩琐语》，发表在《时代画报》上。她还应邵洵美之邀为《云游》作序，《云游》中收录的是志摩的十三首诗。

志摩在世时，常常让小曼给自己作序，可小曼每每不能完成，如今志摩已去，回忆却让灵感一次次迸发。

小曼和商务印书馆签订合同之后，将稿子寄给出版社。1937年，淞沪战争爆发，一切陷入纷乱之中，商务印书馆准备搬迁，给小曼的答复就是安定之后再出版。抗战结束之后，小曼找到商务印书馆，却得知他们将稿件弄丢了，她近乎绝望，在《序〈志摩日记〉》中写道："'全集'既没有出版，唯一的那本《爱眉小札》也因为'良友'的停业而绝了版，志摩的书在市上简直无法见到，我怕再过几年人们快将他忘掉了。"

在那个战火纷飞的年代，谁还会在乎会不会忘掉一个诗人，会不会遗失多年心血？可小曼在乎，她把自己的整个生命都投入帮志摩整理遗稿的事业中去了，所以无法接受这个残酷的事实。

1946年的一天，赵家璧去看望小曼，当时他正在晨光图书出版公司工作。小曼看到他，顿时流下后悔的泪水，如果当初没有听胡适的话，恐怕《志摩全集》早就出版了。赵家璧劝慰小曼，问她还有没有其他日记或遗稿，可以和《爱眉小札》合编一本。小曼赶紧擦干眼泪，找出志摩写的《西湖记》《眉轩琐语》《一本没有颜色的书》，再加上之前的《爱眉小札》和《小曼日记》合编成《志摩日记》。

《一本没有颜色的书》是徐志摩和陆小曼的爱情纪念册，是当时著名的中外友人为其新婚所题的诗词与图画。

泰戈尔题诗：

路上耽搁樱花谢了，好景白白过去了，但你不要感到不快，(樱花) 在这里出现。

胡适的题诗为：花瓣儿纷纷落了，劳伊亲手收储，寄与伊心爱的人，当一篇没有字的情语。

邵洵美画了茶壶茶杯，题打油诗一首：一个茶壶，一个茶杯；一个志摩，一个小曼。

此外，还有杨杏佛、陈西滢、顾颉刚、俞平伯、江小鹣、林凤眠、陈小蝶、章士钊等人题诗，小曼也自录《红楼梦》诗一首，后署“庚午晚冷香人志”。

《志摩日记》虽然出版了，但《志摩全集》仍然没有任何消息，小曼直接跑到商务印书馆，找到志摩的老朋友朱经农，得到的答复是志摩的稿子在香港，但随后又没了音讯。她以为志摩的稿子就这么再也不能见天日了。

可让她没想到的是，1954 年春天，商务印书馆写信来说稿子找到了，但是由于不合时代，暂不出版，将稿件退回给小曼。收到稿件的小曼喜极而泣，总算没有遗失。小曼曾将书稿交给王亦令，可王亦令对新诗不感兴趣，随后小曼要回清样，视若珍宝，保存到临终时。

6. 迟到的“成熟”

以陆小曼的名气和长相，志摩走后，慕名而来者不在少数。只是如今的她已经有了明显的界限，再不似从前“不分男女”了。

一次，小曼和三舅母去看电影，刚巧碰到张慰慈和妻子梦绿，张慰慈看到小曼，只管和她说话，冷落了身旁的妻子，之后又三番两次单独到小曼家中说妻子的不是，小曼感到为难，给胡适写信，让他劝说张慰慈：“他只想同我一起玩，她又不乐意，为了一个朋友为什么叫他们夫妻生意见呢？有机会你同慰慈谈，活在世上就有许多不如意的事，人间有一个十分满意的人么？”

小曼果然不似从前的我行我素，开始劝说起别人要爱自己的妻。志摩离世，小曼突然感觉到了人情冷暖、世态炎凉，不由得忆起了志摩的好：“你这一走……真使我们感觉到人世的可怕，世道的险恶，没有多少日子竟会将一个最纯白最天真不可多见的人收了去，与人世永诀……我一天天地只是藏起了我的真实的心而拿一个虚伪的心来对付这混浊的社会，也不希望再有人来能真真的认识我明白我。甘心愿意从此自相摧残地快快了此残生，谁知道就在那时候遇见了你，真如同在黑暗里见着了一线光明，垂死的人又透了一口气，生命从此转了一个方向……你好像是成天钻在我的心房里似的，直到现在还只是你一个人是真还懂得我的。我记得我每遭人辱骂的时候你老是百般的安慰我，使我不得不对你生出一种不可言喻的感觉……我只是对你满心的歉意，因为我们理想中的生活全被我的病魔来打破，连累着你也过那愁闷的日子。可是二年来我从来未见你有一些怨恨，也不见你因此对我稍有冷淡之意。”

王庚也曾有复婚的打算，但小曼拒绝了，因为她知道，自己对王庚是没有爱情可言的，但她始终尊重他，对他总有那么一丝亲情。

宋子文的弟弟宋子安也曾想拜访小曼，被她回绝。还有一次，宋子安请她去吃饭，她更是直接拒绝了。小曼对政治不感兴趣，尤其厌恶军阀和政客，她凭借性情和喜好与人交往，不依附权贵和威名。谁待我好，我就待谁好，全凭自己那颗心。

其实胡适起初对小曼也是心仪的，只是老婆江秀冬性格泼辣，他惹不起，再加上自己出名太早，生怕败坏了名声。志摩死后，胡适几次要求小曼和翁瑞午断交，日后的一切由自己承担，可不过是说说，并没有付诸于行动。

志摩空难去世后，胡适仍然是小曼最信任的人，她曾屡屡给胡适写信，言语温柔：咳，先生！我希望你也给我些最后的相助……我以后的经济问题，全盼你同文伯二人帮助了，老太爷处如何说法文伯也都与你说过了，我只盼你能早日来，文伯说你今天来信又有不管之意，我想你一定不能如斯的忍心，你爱志摩你能忍心不管我吗？我们虽然近两年来意见有些相左，可是你我之情岂能因细小的误会而有两样么？”字里行间，小曼都在提钱，是不是因为胡适的冷淡？

“我还有时恨你能爱我而不能原谅我的苦衷，与外人一样的来责罚我，可是我现在不能再让你误会下去了，等你来了可否让我细细地表一表？因为我以后在最寂寞的岁月愿有一二人能稍微给我些精神上的安慰。”也就是说，此时的小曼已经决定由胡适安排自己的一切，可此时，若是与众叛亲离的小曼为伍，会大大影响他的形象，所以他表现得很是冷淡。

反观翁瑞午，他对小曼的呵护是做得多，说得少，他对小曼的好不亚于徐志摩，而且翁瑞午这人没什么脾气，在小曼面前总是那么的百依百顺。这也就决定了小曼最终的选择。

第十章 余生：你放心，我会好好活着

1. 陆小曼与翁瑞午

翁瑞午，江苏常州人，清代光绪皇帝的老师翁同龢的孙子。他的父亲翁印若历任桂林知府，擅长作画，家中收藏着大量的书画、古董。翁瑞午会唱京戏、会画画、懂得鉴赏古玩，而且还做房地产生意，是个名副其实的文化掮客。

翁瑞午家财万贯，为人又聪明风趣，喜欢抽鸦片，懂得如何追女人。虽然家中有妻，但风流不断，曾经和一名女学生生下一个私生女，他死后，陆小曼抚养其长大成人。

据陆小曼的干女儿何灵琰回忆："他和干娘的嗜好也许更相同一点，他们都抽大烟，都是日夜颠倒，又都会唱京戏，拍昆曲。翁干爹更是精明仔细，善体人意，在干娘身上处处留心体贴。我对他反比对徐干爹认识得更清楚一点，一来他在陆家的时候好像比徐干爹在家的时候多，差不多天天报到；二来他比徐干爹更会哄孩子。记得他是个瘦长脸，白白的，总是穿长袍，黑缎鞋，北方话还说得不错，人很活络也很风趣。现在想想这个人也算多情，他对干娘真是刻意经心，无微不至。"

陆小曼并不是一个好养的女子，她刁蛮、任性、挥霍无度，普通男子根本养不起。就连徐志摩和她在一起的时候也因为经济危机深感头痛。倒是那个时候翁瑞午一直陪在小曼身旁，她喜欢唱戏他就陪她去戏院，她喜欢逛赌场他就陪她去，她喜欢字画他就把名人字画献给她，她身体疼痛难忍他还会按摩。

在徐志摩、胡适等文人的眼中，翁瑞午就是个典型的纨绔子弟，他和小曼一样爱玩，不甘寂寞，任何事情都是随性而做，他的态度也是不温不火，细水长流。

陆小曼自幼身体羸弱，患有哮喘、胃病，心脏也不好，整天吃药，志摩日记中曾提到："曼的身体最叫我愁。一天二十四小时，她没有小半天完全舒服，我没有小半天完全定心。"志摩遍访名医，却不见疗效，最后好友江小鹣把自己的表弟翁瑞午介绍给了徐陆二人。

翁瑞午懂推拿之术，每次给小曼推拿之后疼痛大减，疼痛得到了缓解，小曼脾气就好，志摩很感激翁瑞午。后来有人说闲话，翁瑞午理直气壮地说："我到那里，是徐志摩请去的。"

翁瑞午生性淡然、平和、风趣，和小曼趣味相投。陆小曼好戏，对戏极有研究，都是靠她自己钻研。她擅长京剧、昆曲，还能演皮黄。有的阔太太为募捐赈灾义演，小曼也参加。一次，她演了昆曲《思凡》，和唐瑛合演《拾画叫画》，又和江小鹣、李小虞合演了压轴戏《汾河湾》。大家赞小曼演的《思凡》里面的小尼姑"扮相果然美妙，嗓音更是清晰动听，台步和做工，都出于自然，伊的表情，亦能达到妙处”。周瘦鹃专门写文章赞叹：“要是召集了普天下的比丘，齐来领略小曼女士的曼唱，我知道伊们也一定扯了袈裟、埋了藏经、弃了木鱼、丢了铙钹，纷纷下山去寻那年少哥哥咧。像这样的唱和演，才当得上神化二字，才值得我们的欢喜赞叹。”

为了慰劳北伐前敌兵士，小曼从病榻上起来参加义演，她在酷暑中拼命排练，有时头晕目眩，吊眉都让她想吐，可她却咬着牙坚持下来。志摩虽然心疼，也称赞小曼是这次义演中除唐瑛外“最卖力气”的一个。可见小曼的爱国精神，更何况演戏并非易事，要字正腔圆，一挥袖、一迈步都必须谨慎小心，恰到好处。要做到这些，除了天资，以及对戏曲本身的理解与领悟，更要刻苦研习演练才行。

陆小曼演戏，有时也拉上徐志摩，可徐志摩却不情愿，曾在日记中抱怨：“我想在冬至节独自到一个偏僻的教堂里去听几折圣诞的和歌，但我却穿上了臃肿的袍服上舞台去串演不自在的‘腐戏’。我想在霜浓月淡的冬夜独自写几行从性灵暖处来的诗句，但我却跟着人们到涂蜡的跳舞厅去艳羡仕女们发金光的鞋袜。”

翁瑞午倒是乐得和小曼一起出去演戏，他曾拜名师学京剧和昆曲。因为身材高大，攻旦角的时候，屈腿走台步，平时双膝间夹铜板子走场子，虽好玩，可也算得上是个戏痴。有人说他是玩物丧志，可玩到一定的水准是让人心生敬佩的。

徐志摩等人是沉浮在主流文化中的人，而翁瑞午则随性地生活，外界的眼光和评判标准对他而言没有意义，在他眼中，爱一个人，爱的就是她的一切，而不是一心致力于将她改造成理想中的人。

志摩在世时，翁瑞午经常来串门，和徐志摩、小曼同游三潭印月、北山、玉泉、灵隐等地，小曼的兴致很高，身边不仅有亲密的爱人，还有要好的朋友。后来徐志摩去了北京，托翁瑞午照顾小曼，瑞午就成了家中常客。

一天，小曼问瑞午，如果有一天自己发病了，他不在身边，用什么办法缓解疼痛？瑞午想了想说："吸鸦片。"小曼当时嗤之以鼻，但是没过多久，小曼发病的时候真的抽了几口，病痛大减，从那之后，她就离不开鸦片了。

外人开始传言翁瑞午和陆小曼之间暧昧，可徐志摩却开脱道："夫妇的关系是爱，朋友的关系是情，罗襦半解，妙手摩挲，这是医病；芙蓉对枕，吐雾吞云，最多只能谈情，不能做爱。所以男女之间，最规矩、最清白的是烟榻，最暧昧、最嘈杂的是打牌。"志摩都这么说了，别人还能说什么？陆小曼的病有多痛苦，没有人比志摩更了解。

陆小曼的表妹吴锦曾回忆说："徐志摩死后，我和陆小曼生活在一起，就由我帮她用香油灌肠才得以排便。当时香油紧缺，为了少排便、少麻烦，她尽量节制饮食，其中的苦绝非三言两语就能讲清的。"所以翁瑞午按摩、小曼吸鸦片，其实都是迫不得已的。

2. 被给予的照顾和关怀

志摩死后，徐申如每月给陆小曼两百块钱生活费，可小曼还拖着表妹吴锦一家三口，她自己没有工作能力，卖画又非长久之计。没过多久，徐申如连这两百块钱都不给了，原因是翁瑞午在小曼家逗留至深夜。

陈巨来在《安持人物琐忆》中描述说："志摩死后，小曼家中除瑞午外，常客只余及大雨夫妇及瘦铁与赵家璧、陈小蝶数人耳。当时每夕瑞午必至深夜始回家中，抗战后他为造船所处长，我为杨虎秘书，均有特别通行证者，只我们两人谈至夜十二时后亦不妨。一日，时过了二点了，余催瑞午同走，他云：汽车略有损坏，一人在二楼烟榻上权睡一宵罢，自此遂常常如此，小曼自上三楼，任他独宿矣。及那月底，徐申如送来三百元附了一条云：知翁君已与你同居，下月停止了云云。后始知徐老以钱买通弄口看门者，将翁一举一动，都向之作汇报的。当时翁大怒，毫不客气，搬上三楼，但另设一榻而睡者，自此以后小曼生活，由其负担矣。"

1931 年 11 月，徐志摩在北上前曾经和翁瑞午长谈，希望他能好好照顾小曼，后来志摩飞机失事，再没回来，从那之后，一直是翁瑞午在照顾小曼，直到自己去世。

刚开始，翁瑞午是造船厂会计处处长，收入丰厚，后来得了肺病，离职在家，他和陆小曼的生活开始变得拮据，两人的主要经济来源是翁瑞午卖掉的古董和他香港的二女儿翁文光寄来的钱。

一天晚上，翁瑞午正小心翼翼守护着小曼，胡适来了，直接进入屋内，对翁瑞午完全不予理睬。清高的才子哪看得起这类沦落之人，可小曼却知道他的好。胡适直到抗战胜利后仍不死心，寄信给小曼：可从速来南京，由他安排新的生活。小曼看后，说："瑞午虽贫困至极，始终照顾得无微不至，二十多年了，吾何能把他逐走？"

小曼并没有给胡适回信，她觉得胡适在这个时候提出这样违背心性的条件，真是白白相识一场。看来志摩的临终托付算是托对了人的，翁瑞午几十年如一日对小曼不离不弃，没有半点虚伪。

为讨佳人欢心，翁瑞午先变卖家中的古玩字画，后又卖掉了茶山和房产，到最后竟然到了倾家荡产的地步，可见对小曼用情至深。他并非胡适眼中的花花公子，不过是有些贪欢。待小曼年老色衰、颓萎腮瘪、形如枯槁、体力无几之时，没人再想起那个风华绝代的名媛，他仍然不离不弃，待她如初。

陈巨来为翁瑞午镌刻一方三十二字的圆朱印闲章，印文："吉金寿石，藏书乐画。校碑补帖，玩磁弄玉。击剑抚琴，吟诗谱曲，均是瑞午平生所好。”可见，他确实不是普通的官宦子弟可以相比的，他也是小曼的隐形老师，谋篇布局、笔墨设色、落款题跋，无不尽心尽力。两人交往，更似知己。

陆小曼对鸦片的依赖越来越大，一次，国民党禁毒抄家，发现小曼家中有烟具，直接将她关了起来，第二天，翁瑞午打通关节把她保了出来。陆小曼是个意志薄弱的女人，她不懂如何刚强，只知道内心伤痛通过自我麻痹的方式去逃避。

其实小曼最初和翁瑞午的确是清白的：“我与翁最初绝无苟且瓜葛，后来志摩坠机死，我伤心之极，身体大坏。尽管确有许多追求者，也有许多人劝我改嫁，我都不愿，就因我始终深爱志摩。但是由于旧病更甚，翁医治更频，他又作为老友劝慰，在我家长住不归，年长日久，遂委身矣。但我向他约法三章：‘不许他抛弃发妻，我们不正式结婚。’我对翁其实并无爱情，只有感情。”一句“并无爱情，只有感情”道出了小曼的心声。二人常年相濡以沫，早就习惯了彼此，他们相伴三十余年，对彼此的依赖可想而知。

后来，翁瑞午犯了错误，他的字画也基本卖完了，到了晚年，他们的生活十分拮据，但仍然一起过了下来。苏雪林曾在1959年见过陆小曼一面，她回忆说：“翁瑞午站在她榻前，频频问茶问水，倒也像个痴情种子。”几乎在所有人的回忆中，翁瑞午对陆小曼都是关怀备至的。

一觉醒来，有你，生活似乎还有些酸甜滋味。每个人都害怕寂寞，都需要安全感，然而，能给你安全感的人并不多。小曼和王庚是父母之命，和志摩是相爱相杀，和翁瑞午是相知相伴。

3. 和翁家的恩怨情仇

和陈巨来相交甚好的王女士有个女儿，叫关小宝，可爱乖巧，陈巨来将她介绍给翁瑞午学评弹，而且成了翁、陆的义女。可是翁瑞午却和小宝暗中勾搭在了一起，王女士得知此事，气得大闹，将翁瑞午告上法庭。虽然关小宝处处维护翁瑞午，说："我跟翁瑞午的事，是我主动的，我佩服他，我爱他，我愿意跟他好，怀孕是我的责任。"可翁瑞午仍然被判入狱两年。

对于此事，陆小曼却并没有什么情绪波澜，而且还在法庭上维护翁瑞午，后来更是抚养了关小宝的孩子。小曼坦白地说："我之所以一点都没有醋心，实在是由于我对翁瑞午只有朋友的感情，早已不存在什么爱情了。"

翁瑞午的结发妻子陈明榴是个遵从"三从四德"的女子，她从未因为陆小曼的存在而大吵大闹。陈氏贤良淑德，处处为翁瑞午着想，所以即使无爱，他对妻子也是十分恭敬的。陈明榴的子女和小曼的关系很好，而她则称陈明榴为“二嫂嫂”，和她的女儿们共享好衣服，经常带她们出门游玩。翁瑞午的大女儿翁香光结婚的时候，陆小曼送给她丝绸衣裤和浴具。

陈明榴将四女儿翁重光送到小曼那里，还说：“我们家这么多的孩子，小曼却一个都没有，多可怜。”小曼自己虽然没有子女，可却非常喜欢孩子，有好吃的、好玩的紧着给孩子，可最终小重光还是受不了小曼屋里污浊鸦片气，回家了。

一次，陈明榴的母亲去世，托翁瑞午和小曼照顾家里，孩子们哭闹不休，让忙碌中的瑞午和小曼明白，这个家是不能没有陈明榴的。

据翁香光说：“陆小曼除了是王庚的原配夫人之外，离婚后与徐志摩再婚，徐之家人都歧视她，族中婚丧喜事，均无权参加。这种状况下，陆小曼在精神上是十分痛苦的。”

翁香光工作后，经常给小曼生活费。三年自然灾害时期，过年时，翁香光分到四块猪肉，还要拿出一块给陆小曼送去。虽然如此，小曼还是干扰了别人家的生活。

1952 年 7 月 14 日，陈明榴去世。翁香光看着刚刚断气的母亲，伤心欲绝，想到父亲将全部精力都放到了陆小曼身上，对自己的妻子却漠不关心，就对匆匆赶来的父亲大加指责：“你为什么不早点与母亲离婚？如果早离婚，她还可以找个好人，过几年舒心日子。”她又跑到陆小曼住处，指着小曼喊道："你为什么抓住我父亲不放？为什么？为什么？你说，你说呀！"陆小曼看着悲痛的翁香光沉默不语，其实她的内心也是非常愧疚的。

后来翁瑞午的肺病发展成了肺癌，此时陆小曼虽然已经让他搬出去了，但仍然尽心尽力地照顾他。据翁香光回忆："我爸爸病重时，陆小曼也照顾的。晚上我叫她去睡，我们陪夜，她不肯，她说：我还是不要去睡。我后来说：你人吃不消的，你再倒一个，两个人都倒下来，都是我们的责任。我们做子女的吃不消的。你还是上去睡吧。"

1961 年 1 月 9 日，翁瑞午去世，那天，小曼刚服过很多安眠药，为其送终的时候跌跌撞撞的，可却并未流下一滴眼泪。翁瑞午临终前将赵家璧和赵清阁约到家中，对他们抱拳说："今后拜托两位多多关照小曼，我在九泉之下也会感激不尽的。"不管怎样，听到这话的小曼都是幸福的，至少，自己这一生有三个男人是真心爱她的。

翁瑞午去世"五七"时，翁家请小曼参加。小曼生病时，翁香光常常去看她；陆小曼去世时，除了表妹吴锦，只有翁香光在一旁照料。翁香光就像她的亲生女儿一般为她穿新衣，戴假牙。

4. 潜心研究绘画

其实和翁瑞午在一起的这么多年，小曼也曾想过独立，也觉得自己这种没名没分的生活不健康，可看到自己这副病弱残躯，她又放弃了。

新中国成立后的1956年，陆小曼在自传中承认了和翁瑞午的同居关系，当时单位让她如实汇报自己的私生活，她没有半点隐瞒。当时的社会已经实行一夫一妻制，他们这种关系是被嗤之以鼻或者说是违法的，但是汇报结束后，陆小曼仍然与翁瑞午同居，这不得不说是个奇迹。

翁瑞午算不上什么正人君子，甚至和学生发生关系，被告上法庭，在当时是很严重的罪过。可即便如此，陆小曼仍然没有和其断交。当时好友上门劝她出面澄清此事，和翁瑞午断交，撇清关系。

好友赵家璧和赵清阁曾多次劝她独立生活、摆脱翁瑞午。赵家璧说："小曼，你如果和翁绝交，那就可以澄清外面的流言。"小曼不以为然，反驳道："志摩死了我守寡，寡妇就不能交朋友吗？志摩生前他就住在同楼里，如今他会搬出去吗？况且十几年来他很关心、照顾我，我怎么可以如今对他不仁不义？外间的流言，我久已充耳不闻了，反正我们只是友谊关系，别人怎么看，随它去，我问心无愧。”

赵家璧坦率地说：“那位‘好友’是一个道德败坏的人，熟识的朋友背后唾骂他，也责备你，你为他付出得够多了，不能再被他拖到污泥里愈陷愈深。”赵清阁也在边上附和：“必须及早自拔！他的做人作风，很难被新社会谅解，你的宽容是保不了他的！”

小曼虽然被说得有些松动，可仍然有些担心地问：“你们要我离开他，那我没有生活来源，你们要我怎么生活呢？”赵家璧乘机说：“你应该下个决心，紧缩开支，把家里吃闲饭的亲戚遣散，以减轻负担。同时要打起精神来作画、写文章，生活是完全可以自立的，并没有你想象得那样难。”赵清阁随即说：“当然，我们这些朋友也会尽力来帮助你的，和你一起来攻克难关，好吗？”

陆小曼听了好友们的话，想想自己多年来的生活，也想摆脱了，就说：“我接受你们的意见，但要他立刻搬出去，恐怕不行，我要好好地和他谈谈，我想他会理解的。你们放心，我一定振作起来，用我的笔自力更生！谢谢你们的关心、鞭策！”

小曼似乎找到了人生的希望，开始憧憬自己的未来，没过多久，她就恢复了丹青生涯。她的画受到了很多人的欢迎。渐渐地，她开始参加一些社会活动，与朋友们有了往来。一次，赵清阁和画家傅抱石、戏剧家赵太侔、舞蹈家俞珊前去探望她，大家在她家讨论京剧《霸王别姬》。傅抱石是初次拜访陆小曼，从她家里出来后，他对赵清阁等人说："陆小曼真是名不虚传，堪称东方才女；虽已年过半百，风采依旧。"由此不难看出，陆小曼的风华绝代并非传言。

苏雪林第一次见陆小曼之后写下这样的话语："我记得她的脸色，白中泛青，头发也是蓬乱的，一口牙齿，脱落精光，也不另镶一副，牙龈也是黑黑的，可见毒瘾很深。不过病容虽这样憔悴，旧时风韵，依稀尚在，款接我们，也颇温和有礼。"

20 世纪 50 年代，上海美协举办了一次画展，其中有一幅陆小曼的作品。陈毅前去参观，看到画上署名"陆小曼"，就问身边人："这画很好嘛！她的丈夫是不是徐志摩？徐志摩是我的老师。"陈毅听过徐志摩的课，所以尊其为"老师"。

得知此画的作者是老师的妻子，而且画得如此出色，就问陆小曼的现状，得到的却是她住在上海，生活没有着落，陈毅就说："徐志摩是个有名的诗人，陆小曼也是个才女，这样的文化老人应该予以照顾。"

没过多久，小曼就被安排到上海文史馆做馆员，虽然是个虚职，可每个月都能拿到几十块钱，可以维持最基本生活，这大大增加了她的信心。《上海文史馆馆员录》上是这样写的：陆小曼（1903—1965），别名小眉，女，江苏常州人，1956 年 4 月入馆，擅长国画、专业绘画和翻译。

小曼去参加上海市委在市委大礼堂召开的会议，当她到达时，大会已经开始，她想找个后排座位，可是工作人员见到她后，立刻招呼她坐到前排，旁边坐着的是个亲切的首长，询问她身体可好，是否在画画等问题。小曼心里一阵热乎，可又不敢问首长的大名。直到大会休息时，小曼才从钱瘦铁的口中得知刚刚和自己交谈的是陈毅市长，她没想到，一个日理万机的市长居然会关心自己这么个小人物，一时间一股暖流涌上心头。

1956年，陆小曼加入农工民主党，成为徐汇区文艺支部委员，又被上海画院邀请担任专业画师。第二天，她当上了上海市人民政府参事室参事，虽然大多只是虚名，可却给予她很大的自信，让她可以充分发挥自己在绘画方面的潜质。

当上画师之后，每年都要交上几幅画，小曼留存至今的画大都是那个时期画的。美术家张振宇和陆小曼是好朋友，也很关心她的生活，曾经给小曼写信说："你是一个体力孱弱的人，病魔缠身的人，今天你能决心戒去嗜好，又愿自力更生，这是你的一大转变！何况你说：'不死，就要好好地活下去。'你应该活下去，活得更有意义，就是'工作'两个字。"其实这个时候的小曼已经能自食其力了。

5. 与朋友之间的交往

陆小曼的人缘非常好，她宅心仁厚，即便是自己生活拮据的时候，也不轻易辞退自己的下人。表妹吴锦一家三口的生活都由她承担，照顾堂侄女陆宗麟至出嫁，堂兄陆耀武去台湾，她就要求把陆耀武的女儿陆宗恒接到身边照料，但是由于当时她和翁瑞午抽鸦片，陆耀武便谢绝了。其实陆宗恒对小曼还是有感情的。

小曼经常帮朋友调解夫妻关系，大概是因为自己婚姻的悲剧，她更希望朋友的家庭能幸福和乐一些。

朋友乐幻智的儿子乐亶专心书画和儒家经典，妻子对他非常不满，小曼就经常对其进行劝导；和小曼一同翻译外国名著的王亦令和妻子小琴经常吵架，小琴常到小曼处告状，小曼总有办法化解二人的矛盾，让两人和好。以至于小曼去世后，小琴仍然常到小曼骨灰处凭吊。

有的人和小曼保持了大半生的友谊，比如江小鹣、贺天健；有的人从远道而来拜望小曼，一见如故，比如赵清阁、玄采薇。作家赵清阁曾经听梁实秋、郑振铎讲起小曼的际遇时，更是对她赞不绝口，于是赵清阁写信告诉小曼自己要去看她，小曼很开心，天天盼着她来。

1945 年 12 月，那天天气寒冷，阳光却非常好，赵清阁抽时间看望小曼，走到福煦路上，四周一片萧条寂寞，落叶狼藉，不禁感叹这才是诗人入住的环境啊。在女仆的指引下，赵清阁来到客厅，客厅很大，陈设古朴，散发着浓重的药味。在一张长方形画桌上放置着笔墨颜料，案头铺着刚刚画好的山水，案面嵌着玻璃板，底下压着徐志摩的便装照片，他躺在草地上，手里拿着一支香烟，一派风流洒脱。小曼作画时，需要志摩常伴左右。四壁都是书，左壁是陆小曼的放大像，和她相对的是徐志摩的放大像，让人不禁悲从心生。

小曼走进客厅，她穿着黑色的羊毛袍，身形纤弱，面色苍白。两人一见如故，相谈甚欢。小曼狠抽了几口烟，纤弱的手有些颤抖，她说："志摩死了十四年了，十四年的世界再没有他，也永远毁了我。"赵清阁劝她没事多出去走走，重新振作起来。从那之后，赵清阁成了小曼晚年最要好的姐妹。在赵清阁的劝说下，小曼终于肯走出来了，去老朋友家中坐坐，身心也渐渐好了不少。

小曼在给赵清阁的信中写道："十几年来我觉得一切都是空虚，一切的事我都看得太清楚，所以反而觉得一切都是无所谓，因此我的心神一天天往下沉，快沉到没影儿了，现在你给了我一种特别兴奋，使我死了的一切又有一点复活的希望了。"

刘海粟对小曼的照顾也是无微不至的，他们是同乡，同时他也是小曼的老师。刘海粟到硖石玩，就会给小曼带来各种各样的好吃的。出国了，也会给小曼带织物。刘海粟常常感叹，小曼当年艳冠京城，现在却连生活用品都买不齐全。

1947 年，刘海粟办画展，小曼身体不适，懒得动笔，可仍然写了一篇《牡丹和绿叶》为刘海粟捧场：

望眼欲穿的刘大师画展在廿一日可以实现了，这是我们值得欣赏的一个画展。中国的画家能在同时中西画都画得好，只有刘大师一人了。他开始是只偏重西画，他的西画不但是中国人所共赏，在欧洲也博得不少西洋画家的钦佩。我记得当年志摩还写过一篇很长的文章，讲欧洲画家们怎样认识与赞美刘大师的画呢！后来他回国后又尽心研究中国画，他私人收集了不少有名的古画，件件都是精品。因为他又天赋的聪明，所以不久他就深得其中奥秘；画出来的画又古雅又浑厚，气魄逼人，自有一种说不出（的）伟大的味儿！我是一个后学，我不敢随便批评，乱讲好坏，好在自有公论。

我只感觉到一点，就是我们大师的为人，实在是在画家之中不可多得的人才；他不仅是关着门在家里死画，他同时还有外交家与政治家的才能，他对外能做人所不敢做的，能讲人所不敢讲的。就像在南洋群岛失守时，日本人等着他的时候，他能用很镇静的态度来对付，用他的口才来战胜，讲得日本人不敢拿他随便安排。他在静默之中显出强健，绝不软化，所以后来日本人反而对他尊敬低头。

在没有办法之时只好很客气地拿飞机送他回上海；这种态度是真值得令人钦佩的。

还有他做起事来不怕困难，不惧外来的打击，他要做就非做成不可，具有伟大的创造性。为艺术他不惜任何牺牲，像美专能有今日的成就，他不知道费了多少精神与金钱；有时还要忍受外界的非议，可是他一切都能不顾，不问，始终坚决地用他那一贯的作风来做到底，所以才有今天的成功。

最近他对国画进步得更惊人，这次他的画展一定有许多意想不到的好画。同时还有他太太的作品！这是最难得的事情。她虽然是久居在南洋，受过高深的西学，可是她对中国的国学是一直爱好的；尤其写字，她每天早晨一定要写几篇字之后，才做别的事情，所以她的字写得很有功夫，柔丽而古朴，又有男子气魄，真是不可多得的精品。有时海粟画了得意的好画再加上太太一篇长题，真是牡丹与绿叶更显得精彩。我是不敢多讲，不过听得他夫妇有此盛事，所以胡乱地涂几句来预祝他们并告海上爱好艺术的同志们，不要错过了机会！

邵洵美写《天上掉下一颗星》纪念志摩："这世界有寒凛的孤单，我怕，你不能忍受。"他了解志摩，他是那样的热烈，那样的无法忍受寂寞。志摩去世后，小曼卧病在家，洵美前去探望，约她写志摩译作《云游》序。他在自己经济状况最不好的时候仍然记得小曼的生日，家徒四壁，他硬是翻出一颗白色寿山石图章，是吴昌硕亲刻，换了十块钱请小曼吃饭，小曼是那样的满足。后来，邵洵美由于特务罪被捕，出狱后小曼前去探望，邵洵美很是开心，可小曼却是辛酸了。

志摩的表弟陈从周和小曼的关系也不错，当初志摩的朋友因为“八宝箱”的事闹得很不愉快，反倒是小曼默默收集资料，编写《志摩全集》，可叹志摩朋友众多，终敌不过人走茶凉。后来，陈从周自费出版了《志摩全集》。他对徐陆二人产生摩擦的原因略知一二，在《记徐志摩》中写道：“志摩死的上半年农历三月初六，母亲去世，徽因正在病中，寄给志摩一张她在病榻中的照片，背面还题上了诗。他偷偷地给我妻看过……”徐陆二人矛盾重重，林的关系确实有些微妙。从记述看，陈从周始终站在小曼一边，他懂小曼的画，以她为骄傲。有人谈及知名画家，提到陆小曼时，他立刻精神焕发，说：“你还晓得陆小曼？”

小曼临终将《志摩全集》托付给了陈从周，他把它送到北京图书馆，才得以最终保存下来。多年后，他在浙江博物馆看到自己曾经送过去的原件，感慨万分。

陆小曼和王亦令的关系也非常不错，可面对原则性问题却从不偏袒。“反右”运动中，王亦令揭发了自己的篆刻老师陈巨来和陆小曼，陈巨来对此非常生气，小曼也责备道：“不管什么原因，批老师总是不对的。你批了我，我的的确确不在意，正由于我对你批我不在意，所以我现在才这样站在客观的立场上对你直言相劝，我是老实不客气地要责备你的。你把祖宗三代、父母尊长全骂到了，我很不赞成。要是我做你，我肯把自己随便怎样骂都行，要我骂尊长，杀了我也不行。”似乎朋友怎么对自己她无所谓，但基本人伦她是必须捍卫的。

6. 陆小曼和画友们

陆小曼有很多画友，和她走得最近的有刘海粟、钱瘦铁、应野平、唐云、刘旦宅、张正宇等人。

刘海粟除了是她的老师，更是她和徐志摩恋爱、婚姻的支持者。所以两人走得很近。虽然刘海粟在“反右”后被戴上了右派的帽子，可陆小曼仍然不惧流言，和刘海粟交往频繁。刘海粟常常写诗篇寄给陆小曼，小曼也时常回信给他。

记得有一次，刘海粟寄给小曼信中写着这样的诗句：“一尊金盆掷上天”。当时她的表外甥女庄篪看了之后觉得句子很美，就对陆小曼说：“刘海粟不仅画画得好，想不到他的诗句写得也很美！”陆小曼回答道：“是啊，画家要有诗人的情怀，他的画才会有意境；同样诗人有画家的眼光，他的诗才会写得形象、艳丽！可惜志摩他不会画，但他比一般人要懂画。所以一些画家都愿意与他交朋友。志摩所以能成为很多文艺界人的朋友，主要是他懂艺术，艺术之间是相互通的。”庄篪对陆小曼说："我见过刘海粟的画，有西洋画也有国画。但我不喜欢他的国画，画得邋邋遢遢，不像您的清秀雅致艳丽。”陆小曼笑着说："别瞎说，刘是我的国画老师！画家各有自己的画法。我是女性，画国画应当追求清秀、雅致、艳丽。而刘海粟是男性，要有气魄。大笔一挥，潇潇洒洒，才是刘海粟的气派。刘海粟他是想创出一条路子，用西洋画手法来画国画，使西方人也能看懂国画。色彩特别鲜艳、亮丽是西画的特点，我们国画是该向西方学习的。这些，你不懂，不要瞎说。”

后来，陆小曼还特意打电话给自己在上海画院相识的朋友张悲侠，告诉她回东北沈阳后，找到刘海粟的小女儿悉心照料。后来，张悲侠不负小曼之托，一直照顾到刘海粟小女儿大学毕业。

有一次七夕节，陆小曼的表妹买了菜回来，顺便在菜场带回些鲜肉巧果，就对陆小曼说："曼姐，今天菜场有鲜肉巧果卖，我顺便带了些回来，您阿要尝尝？”陆小曼说："好的，我只要一两只尝尝，新鲜伐？”"新鲜的，现做现烘现卖！”"好的，给小胖吃两只，其余的，您们吃。噢，真的，你买二十只，再买些肥皂、草纸、牙膏毛巾之类的生活用品，给刘海粟送去。他现在经济很难！”"好的，我去去就来。”庄篪赶忙说："妈，我也陪您一起去！”

就这样，庄篪陪着母亲在菜场买了鲜肉巧果和生活用品，来到刘海粟家中。只是刘家家中无人，陆小曼的表妹便和刘海粟的邻居说："我们不等了，这包东西请您转给刘海粟，就说是小曼叫阿锦送来的。”“好的，好的，我一定转告！”

当时被打成右派后的刘海粟被赶到了一间小房子，把卧床当作画板，天亮之后，床铺一卷，铺好画纸开始画画，就好像什么都没发生一样，可见其心胸之豁达！

陆小曼病故后，只要是在公开场合有人提起陆小曼，刘海粟总是对她赞不绝口。

陆小曼对国画家钱瘦铁也非常照顾。只要发了薪水，她都会让自己的表妹去买些鸡鸭之类的荤菜烧好送到钱瘦铁、刘海粟家里，让他们补养补养身体。有时也会在家里烧好，打电话请他们过来品尝。

据庄篪回忆，钱瘦铁每次来的时候，陆小曼都会劝他少发牢骚，凡事看开一些。钱瘦铁来的时候，常常说某某人没良心，朋友危难的时候不肯帮忙，小曼就劝他，“也许他帮过忙了，但鞭长莫及。再说，谁叫您开机关枪似的乱说一通，你知道吗？你把好多领导都得罪了，谁还肯帮助您？”听到小曼如此说，钱瘦铁也是没话说了。

没过多一会儿，钱瘦铁又说：“好吧，我准备把帽子（右派）戴到棺材里去了！”小曼立刻劝阻他说：“这种话您千万不能说！你在我这儿说不要紧，要是在别处，反映到领导那里，领导还会考虑把您的帽子摘下来吗？”此时小曼会从锅内盛出一只大鸡腿端给他，而且说他：“好了，把你嘴堵起来，你就说不出话来了！”钱瘦铁接过碗，喝了几口鸡汤，小曼立即说：“小心烫！”这时，钱瘦铁一口汤喝下去，便说：“哎呦，一直烫到我心里！”小曼说：

“这是佛祖对你的惩罚，谁叫你背后说人家的坏话？！”钱瘦铁说：“我说的是事实啊！”小曼安慰说：“帽子迟早会摘下来的，你放心！”

陆小曼和上海大学美术学院教授应野平也走得很近，因为住得近，所以差不多每个月都会光顾。有的时候独自前去，有的时候会带着自己老婆一起去。应野平夫妇一来，陆小曼总会请他们留下来吃饭。

据庄篪回忆，有一次，她听到应野平和陆小曼谈及外出旅游到舟山群岛画画的事。后来没过几天，《新民晚报》刊登了一幅应野平的国画，当时陆小曼还对庄篪：“应伯伯很用功，你要向他好好学习！实践出真知，不到舟山群岛去看看，是画不出来的！”她又说，“毛主席号召艺术家到农村去，到工厂去，这是对的！你看，应伯伯的这幅国画，画得多好啊！”

1961年的秋天，上海市委干部要出访，需要带礼物出国，觉得国画方便实惠，于是委托市人委参事室经办此事。市人委参事室干部特地来找到陆小曼，让她帮忙解决这件事。陆小曼满口答应，让自己的表妹把家里的貂皮大衣卖了，用卖来的钱又去市场买了几斤大闸蟹，邀请唐云、刘旦宅、张正宇三位画家来家里聚餐画画。据庄篪回忆，当时唐云画的是残荷，荷叶下游着几条小鱼；刘旦宅画的是只波斯猫；张正宇画的是只猎犬。就这样，陆小曼完成了组织给她的任务。

7. 一见如故的友人

新中国成立初期，张奚若担任中央对外文化联络部部长，他是徐志摩的生前好友，后来对陆小曼照顾有加。张奚若虽然和陆小曼相处的机会不多，相会的时间也不长，但是对小曼的帮助却非常大。

张奚若只要到上海，肯定会最先打电话给小曼，约定好时间和地点，之后总是他本人或他的秘书坐汽车去接陆小曼，很少在陆小曼府上久待。张奚若第一次约请陆小曼是在 20 世纪 50 年代初，当时张奚若给小曼一张表格，要她填写，小曼一看，原来是张加入农工民主党的登记表，刚开始小曼有些犹豫，经过张奚若的一番解释，小曼才勉强填了那张表，成为农工民主党员。之后被选为区支部委员。

还有一次，张奚若打电话约小曼谈话，说准备提她为上海市人民政府参事室参事。而且向小曼介绍了具体的工作内容。小曼推辞说“身体有病，难以充当”。张部长却说，只要她能过去开几次会就好，不用过于担心。就这样，陆小曼被提任职务，一九五九年被评为上海市“三八”红旗手等，可以说，小曼的这些经历都和张部长有关系。

著名京剧大师梅兰芳和陆小曼也有几面之交。小曼幼儿时，曾经拜北京梨园老师学唱花旦，所以陆小曼和梅兰芳也算得上是梨园的同门师兄妹。

小曼小时候，聪明伶俐，也十分的调皮，人长得清秀，嗓音甜润。五六岁就闹着学唱戏，父亲陆定爱女心切，真的将她送到梨园，还请了旦角老师教她。结果，没多久她就学会了。而且唱得有板有眼，动作、舞姿非常优美。旦角老师也很喜欢陆小曼，竟要求陆定答应，让小曼做个正儿八经的旦角，而且担保她将来肯定能唱红。可陆定身为北洋政府税赋司会办，怎么会让女儿去做戏子呢？要知道，在那个年代，做戏子的社会地位很低。于是陆定便拒绝了，而且立刻付账走人，说："这是小孩闹着玩的。"

后来很长的一段时间，小曼唱戏不过是在家中办个"堂会"，逢到节日才唱。但后来阴差阳错，竟然真的因为唱京剧旦角出了名，各处义演赈灾。20世纪三四十年代，小曼曾在京进行过好几次义演，轰动京门。梅兰芳是当时的名角，大家有的时候会在一个戏院里唱，只是唱的不是同出戏。

1952年左右，梅兰芳先生应邀率领京剧团赴日本访问演出，小曼得知此消息，立刻写了封信给梅兰芳，让他帮忙代买些日本宣纸。当时小曼在上海画院，经常有人要画。在中国很难买到上好的宣纸。小曼觉得中国宣纸的吸水性比较差，画了之后很长时间才能干，之后才能继续画，非常浪费时间。小曼画国画喜欢一气呵成，而日本宣纸干得快，非常适合她的画画风格。

梅兰芳从日本访问演出回来后，特地让自己的秘书将两百张日本宣纸送到小曼府上。而且对小曼说："梅老板说了：两百张宣纸请收下，款就不必付了。算是仁兄送小曼贤妹一份薄礼。望贤妹保重身体，多多作画。"

小曼收下宣纸后，非常感动，对秘书说："回去给梅老板回话，小曼一定遵听兄言，保重身体，好好作画。小妹铭记这份情义。感激、感激！"

陆小曼开始用梅兰芳从日本带回的宣纸作画，直至离世。

陆小曼年轻的时候，和小孩子一样，喜欢看"小人书"。儿时，小曼家的亲戚前来投奔，小曼的表兄喜欢看小人书，小曼好奇，翻看之后竟然也上瘾了，尤其喜欢看武打武侠小人书。不知怎么搞的，《蜀山剑侠传》的作者还珠楼主竟然知道了这件事，特意写了封信给陆小曼，要她看后提意见。而且拿出一本《蜀山剑侠传》寄给小曼。

从那之后，陆小曼放下小人书，专心看起了《蜀山剑侠传》。《蜀》书有几十本，陆小曼就这么一本一本地看。后来陆小曼和乐亶、吴锦三人谈起这本书的时候提到，书中有一百多人物，写得一点不乱，小曼却说："作者在写人时，是做了模型的，写一个做一个，写完了，把模型放在旁边。另外再做一个模型，看看是否有类同？有类同，就毁掉。再做一个模型，与众不同的。然后再编写这个人的故事情节。就这样一个一个地写下去。做到了不雷同不重复。"她还说："还珠楼主从小在四川峨眉山区长大，熟悉那里的山川地形，了如指掌，所以写起来得心应手。”这一套《蜀山剑侠传》作为陆小曼遗物被带回常州，后来小曼的表妹借给了好朋友潘某。后来潘某被抄家，这套遗物也就无处寻找了。

乐幻智是上海著名的气功大师，曾为小曼治疗过，陆小曼说：“我的老师乐幻智用手掌罩着我，并不碰到我的头发，我只感到一阵阵的发热，热气好像往胫部下通去。没有几分钟，我全身就舒畅了，不喘也不咳了。乐老师是用他的真气输给我，给我治疗的，而且乐老师不收分文。他是个好医生！”后来，乐老师又教给她几个简单的姿势，嘱咐她天天练，帮助她战胜病痛。但是陆小曼缺乏毅力。后来乐幻智病故，陆小曼大哭。乐幻智临死前，特地嘱咐自己的儿子乐亶多来探望小曼，帮她做些事。因为当时陆家只剩下了陆小曼的表妹和幼小的翁琴光。从那之后，陆家的大事小情总会找乐亶帮忙，乐亶也是随叫随到。陆小曼六十岁过后，多次住医院，常常是乐亶把小曼连被子一抱，送到急救车上，送去华东医院。

陆小曼对乐亶特别好，只要他来，就会为他准备些好菜。陆小曼到了晚年，最知心的朋友就是气功师乐幻智的儿子乐亶。他们经常一起谈论《蜀山剑侠传》里的故事。

1963年底，小曼发病，乐亶来到陆家，连棉被抱着小曼上急救车。过后，乐亶对小曼的表妹说：“陆老师这次在劫难逃了，她瘦了好多，身上一点热气都没有，您要做好思想准备！”只是当时周围人未在意这句话。

第十一章

红颜尘土：是非难述，带走这一世爱恨情仇

1. 合葬的最后遗愿

陆小曼是美人，可美人也有迟暮的时候。小曼五十岁大寿的时候，齿落发脱。赵清阁为小曼祝寿，给她送了束墨菊和黄菊，小曼仍然人淡如菊。赵清阁四十岁生日的时候，她请了小曼、陆晶清、沈寂到衡山饭店吃饭。小曼身穿旗袍，套着人民装。她不喜欢穿长裤，小曼是那么瘦，如果穿了长裤，大概会细脚伶仃，瘦弱得让人不舒服。但穿着她穿惯了的旗袍就不同了，是那么的惹人怜爱。

1960 年前后，陆小曼在上海善钟路散步，偶遇王映霞，约对方到家里小叙。王映霞说陆小曼比以前胖了很多，可风韵犹存。陆小曼对王映霞说："过去的一切好像做了一场噩梦，甜酸苦辣，样样味道都尝遍了。如今我已经戒掉了鸦片，不过母亲谢世了，翁瑞午另有新欢了，我又没有生儿育女，孤苦伶仃，形单影只，出门一个人，进门一个人，真是海一般深的凄凉和孤独，像你这样有儿有女有丈夫，多么幸福！如果志摩活到现在，该有多么美啊！"

也是，小曼上无父母，下无子女，也没有丈夫，的确是孤寂凄苦了些。1964年中秋，小曼因肺气肿和哮喘住进上海华东医院，当时赵清阁带着月饼看望她，她说："难为你想到我，今年我还能吃上月饼，恐怕明年就……"赵清阁见她气喘吁吁用手指着月饼，挑了块豆沙馅的递到她手里。

小曼吃得香，过了会儿又说自己此生了无牵挂，多亏了解放军解救自己。几天后，赵家璧前来探望，陆小曼对他说："如果不解放，我肯定活不到今天；如果志摩生前知道，我们的共产党是这样好，他也会和我一样相信的，可惜他死得太早了。"

志摩轻轻的走了，留给小曼数十载的寂寞与悔恨。寂寥、漫长的思念终究还是有个尽头。直到死亡的那一刻，小曼对志摩的爱依然深刻，曾经的是是非非已经让这数十载的时光洗刷的干干净净。唯有爱还珍藏在小曼的心中。

她并非水性杨花的女人，她对志摩的爱是真挚的，没有人能够取代志摩在她心中的位置。就算是最后与翁瑞午同居，小曼还是供奉着志摩的遗像，这已经成为小曼的习惯。她离不开志摩的陪伴，哪怕只剩下回忆和照片，她也要紧紧地拥抱着。

想当初她那般任性、高傲，如今却如此谦卑，真诚感激。临别前，她嘱咐赵家璧，有机会的话帮忙出版《志摩全集》。

入冬后，小曼的病情加重。1965年暮春，赵清阁和应野平到医院探望陆小曼，小曼望着两人说道："我不会好了，人家说 63 岁是一个关口……最近我常常梦见志摩，我们快……快重逢了！”她还说：“我还梦到了王庚，他和志摩在那个世界里似乎还没有和解。唉，让他们去闹吧！反正我也要去了。”

赵清阁问她是否有什么心愿未了，小曼只说希望自己死后可以与志摩合葬，问赵清阁能否帮她完成这个心愿。赵清阁说定当竭力去办，陆小曼含泪连连道谢。

陆小曼临终的前几天，曾嘱咐堂侄女陆宗麟将梁启超给徐志摩写的一副长联，以及她自己的那幅山水画长卷交给徐志摩的表妹夫陈从周先生；《徐志摩全集》的纸样交给徐志摩的堂嫂保管。

陈从周在《含泪中的微笑——记陆小曼山水画卷》中说：“可惜的是那《全集》的纸版，我归还了徐家，已在抄家中丢失了其中一册。虽然事前我已与何其芳同志联系好，要寄北京文学研究所保存，但徐家在时间上拖了一拖，遂遭劫运。”但是后来据《陆小曼传》的作者柴伟良先生考证，那十包《全集》纸样，只有九包是真正的徐志摩作品，还有一包是陆小曼担任上海文史馆馆员后组织政治学习的资料。

1965 年 4 月 3 日，陆小曼去世，享年 63 岁。生前风光无限的小曼的殡葬仪式极其简陋。前来参加葬礼的人不多，灵堂只有一副挽联，是王亦令撰稿、乐亶执笔：“推心唯赤诚，人世常留遗惠在；出笔多高致，一生半累烟云中。”她身后无片瓦寸土，也没有子嗣，自然也没人张罗安葬她的骨灰。而她的那个和徐志摩合葬的心愿，由于徐志摩的儿子徐积锴不允许而没能实现。

小曼的尸骨最终埋在何处，一个叫陈宇的先生在赵清阁家中找到了线索。赵清阁说：“‘文革’开始，亡人们的殡仪馆也多拆迁，小曼落得死无葬身之地，骨灰无人接管，只有遗憾地合葬在万人坑里。”赵清阁还提到“文革”结束后发生的一件事：“几年前她（陆小曼）一个在台湾的侄儿为她在苏州建了一座衣冠冢。”

偶然的机会，陈先生得知徐志摩的外甥女陈胜吾从美国回上海探亲，于是设法和她取得联系，据陈胜吾说，“文革”期间徐志摩被扣上反动文人的帽子，受批判，亲朋担心受波及，实在没能顾得上打听小曼骨灰的下落。关于苏州的衣冠冢她并不知情，但是可以代为打听一下。几天之后，陈胜吾说打听到小曼的骨灰的确在苏州，又提及志摩的堂侄徐炎也住上海，打算去苏州查证此事。

几个月之后，徐炎先生写信给陈先生，信中还附有他拍的墓照。从照片上看，小曼的墓是石材，墓碑上贴着小曼的小照，是小曼年轻时的照片。墓碑上刻着“先姑母陆小曼纪念墓”，落款是“侄陆宗麟敬立”。墓碑上写的是“纪念墓”，而不是赵清阁所说的衣冠冢。

后来经过几番查证，此墓是陆小曼台湾的一个侄儿出资建的，于 1988 年建成，建墓的时候，陆小曼的骨灰早就不知流落到了何处，仅能找到小曼生前用过的物品，如碗筷、笔墨等不易腐烂的东西埋了进去。徐志摩的骨灰到最后也不知流落到何处，恐怕两人合葬的遗愿永远都实现不了了。

2. 两家后人对小曼的评价

陆小曼是徐志摩的第二任妻子，相较于对前任妻子张幼仪的无情无义，志摩对小曼的疼爱可以说比前任多百倍千倍。

徐志摩生前和陆小曼十分恩爱，不管自己多苦多累，都会尽力满足小曼的所有要求，这么有才华又体贴的丈夫，小曼怎会忘怀。

徐积锴是张幼仪和徐志摩的长子。在美国时，徐积锴和梁秋实、孔祥熙都有往来。他常常感慨："父亲若仍在世，即使已经年过古稀，但依旧会有女人倾慕于他。""女人们皆为父亲的文采所倾倒"。

徐积锴虽然没在国内待多久，但自幼接受的都是旧思想，对他影响至深，所以他本身是个思想传统的人。正是因此，他本质上是看不上陆小曼的，所以一直都没把陆小曼看作是徐家的人。

徐积锴作为徐志摩和张幼仪的儿子，如今长居美国，有一子三女。他 13 岁时，父亲坠机死亡，母亲独自将其抚养成人。长大之后，他在交大就读，29 岁时，在纽约学习土木工程，在哥伦比亚学习经济，先是做工程师，后又经商，但终生和笔墨无缘。

陆小曼死后，有人请求将陆小曼与徐志摩合葬，徐积锴断然拒绝。

原因有三，其一，爷爷在父亲死后仍然资助陆小曼是因为爷爷仁慈，但从来没有承认过陆小曼是徐家人，更不会接纳她。

其二，在徐积锴看来，自己的父亲和这个继母已经感情破裂。因为父亲临死之前见继母最后一面的时候，对方还用大烟枪打了他，如果不是父亲躲的快，就真的被砸了，所幸最后只是打烂了父亲的眼镜。而且，徐志摩死后，陆小曼并没有帮忙料理徐志摩的后事，一切都是张幼仪帮忙操办的。

其三，父亲死后，陆小曼一直和翁瑞午在一起，两个人常常同榻抽大烟。表面上两个人只是朋友，实际上却是姘头关系，这么个伤风败俗的女人，死后怎么可能和自己的父亲合葬呢？

可见，志摩的后人对小曼的评价更为主观，但也是人之常情。

至于陪伴她三十年的翁瑞午后人，最被人熟知的就是翁香光。翁香光女士说：她父亲翁瑞午在家孝敬父母，22岁就挑起了全家的生活重担，在外是广交朋友。徐炎先生曾撰文说："翁瑞午是个玩家，其人极为健谈，笑话连篇，对正经事也亦庄亦谐，信口开河，有真有假，小曼把他当作茶前饭后笑料解嘲，舒展心中抑郁的闷气。"

翁瑞午对陆小曼的照顾无微不至、关怀体贴，似乎只要小曼开心，要他怎样都可以。翁香光说自己的父亲最喜欢称"大好佬"了，什么事情都习惯说："我来，我来！"

1961年，翁瑞午因肺癌去世，陆小曼因为设灵台的事和翁瑞午的子女争了起来：翁瑞午的子女要把灵台设在陆小曼处，但是小曼未答应，理由是她从来没有和翁瑞午登记结婚，也没有举行过任何结婚仪式。而且翁瑞午并未和自己的妻子离婚。她说，翁瑞午住在自己这里，是因为他应志摩之邀，为自己治病而来。后来志摩飞机失事逝世，自己没有理由把丈夫的朋友赶出去！结果，翁瑞午的灵台只好设在翁香光处。

3. 繁花似锦终是空

这世间，总有那一种女子，让人又爱又恨，她如同带刺的玫瑰，艳丽得让人睁不开眼，娇嫩得让人不断驻足，然而，只待靠近，便会被刺痛，抑或短暂相得难相守。小曼，就是这样的女人，可以轻易靠近，但却难以真正拥有。

悲喜不过今生今世，待到轮回之时，一切过往如云烟，美则美矣，却只是转瞬即逝。本以为今生不会再为她着迷，但是等到她再出现的时候，你便发现，自己又一次无药可救地爱上了她。你爱她美貌如花，爱她身上耀眼的光芒，爱她独一无二、天下无双。

世间百态，一切机缘巧合皆是天定，难道此生只为遇她而生？不尽然，但也不置可否。缘起缘灭，皆是缘。挚爱在心，只有当局者能明白其中的诸多因果。

陆小曼芳华一世，是她和那个时代、那个奢华城市的缘分。民国的烟雨红尘成全了她一生的艳丽与摇曳，她和那个时代那样的契合，以至于旁人看在眼里，或惊叹或惋惜，唯独效仿不得。

人生的大喜大悲、大苦大乐、大起大落，她都经历过了。缘起缘灭，等到一切随风而去，年华老去，世事流变，她仍然是那个年代惊艳的传奇。

回不去的旧时风景，只是盼着可以在书香好梦之中看到你的惊世容颜。在上海这座华丽的城市，拥有的是千年不变的辉煌，万世隽永的奢华。这个城市包容了太多的悲欢离合，成就了太多的传奇佳话。美好的、阴暗的，都停留在这里，久久不愿离去。她——一代传奇女子，就在这样的城市中，在红叶遍地的秋天里诞生了。她才华横溢、冰雪聪明、桀骜不驯，她长于温室，长于沃土，娇弱惹人怜爱。

生活偏爱这样的女子，当充满诱惑和忧伤的大门为她敞开时，命运之轮展开了自己神秘的画卷，等待着佳人在画上展现自己灵动的色彩。这世间，没有两片相同的叶子，人生也是如此。

大千世界，冥冥之中自有天意，缘起缘灭，皆是缘分。人的性子，表面上是后天养生的，却又似冥冥之中早有安排。躲不过的是命运，改不掉的是天性。开朗、明快之中掺杂着任性，新时代的女性自带锋芒，早已过了“男尊女卑”的年代。忍气吞声早就成为了历史，女人要为自己做主。

在那个新旧交替的年代，旧时代与旧思想在时代的边缘挣扎着。生在那个时代的女人，承担了上个世纪的期盼，这个世纪的挣扎。有的人，注定会被这两股力量撕扯。尤其是那些灵魂早已注入勇敢，被新时代所感染的人，生在这时代的夹缝之中，不知是幸运还是不幸？风口浪尖，世俗难容，并非每个女子的命运。

上一代的烈女子早已经飘然远逝，只有祠堂中空空的牌位接受着香火供养。我们早已记不得那个女子究竟是怎样的光景？她曾经也许是受人褒奖的大家闺秀，抑或是受人垂怜的小家碧玉，这些虽然令人羡慕，但随着时光的流逝，操劳一生，到最后，这个女子却只留下一尊牌位，一座坟头，被人相忘于时光的流逝。

冬季的寒冷，夏季的热烈，看似一成不变，我们也已经习惯，可却总有那一二般出入。女人如同这世间的繁花，姹紫嫣红，各有各的美丽。然而，她们的美丽离不开脚下的土壤。陆家那片肥沃的土壤才滋养出小曼这般美丽、充满才情的女子，也让她忘却了室外的春夏秋冬。

徐徐的春风，暖暖地吹动着她的发带。那晶亮的眸子，充满了对未来的期盼。如果人生没有穷尽，只有奔流入海的希望，她将会变成美好的神话。千篇一律的旋律总会让人感到疲倦，只有不一样的节奏才可以让人留恋和回味。个性鲜明的小曼让人看上一眼便难以忘怀。名媛不过是个虚名，长久存在的只有这个在外人眼中与众不同的明媚女子。

她那一颦一笑，一举一动，就像是诗人笔下的文墨，写下来，就走进了世人的眼里、心间。那让人为之心动的容颜，让人着迷的气息，似乎跟随着空气的流转，悄无声息地侵蚀着人的灵魂，让人忍不住去生出爱慕之情。所有人都觉得她的一生注定不平凡，却忘记了娇花易折，明珠宝玉才能常存。

这世间之人都爱触手生温的美玉，而那如美玉一般珍贵的女子注定让人爱不释手。在书卷香中成长起来的女孩，身上总是自带如兰花一般沁人心脾的香气。诗词歌赋是名媛淑女不可或缺的外衣，中外文化的熏陶就像是空气中飘荡的花香，慢慢沁入她的气息之中。靠近就已让人心旷神怡，目光再也不能从她的身上转移。

4. 名媛难做痴情者

繁花深处，如梦幻泡影般，来来回回，熙熙攘攘。名媛淑女，大家闺秀的生活，光芒四射，万人瞩目。多才多艺的小曼，明媚的容颜，怎能不让男人爱慕、女人羡慕？如果仅有这容貌，恐怕决不能让这么多青年才俊拜倒在她的石榴裙下，她的与众不同注定了她这一生的浮华和蹉跎。

她能跳（跳交际舞）、会唱（唱京戏、昆曲、评剧）、能写（写诗、剧本、小说、散文）、会画（画山水花鸟）、能书、会译（懂英文、法文），而且能说会道，这样的名媛在那个时代出不了几个，所以她当时成为众男人追求的对象。

小曼的生活充满了赞美，从上学时开始，她就是个与众不同的学生。进入交际圈更是让她大放异彩，这样的生活让她感到快乐、满足。

从那之后，她爱上了这种万人追捧、纸醉金迷的生活。她拥有完整的自我，从不为世俗、权势折腰，她真切地活在这个世界上。封建礼教都不能禁锢她的灵魂，她毅然选择了爱情。因为她只为自己而活，没有任何男人可以让她牺牲自己的人生。她，如同繁华中的璀璨，冷傲中却带着柔情。

她不仅是一个漂亮、多才多艺的女人，同时也是个十分聪明的女人。就连徐志摩的前妻张幼仪都赞美小曼的风情万种、自然潇洒，这样的女人，哪个成功的男人不想拥有？

男人对于小曼的追捧造就了她目中无人的性格，也让她变得更加真实。她是那么的随性，和王庚分手的时候没有丝毫的留恋。对于志摩，她没有牺牲自己的追求，直到志摩去世，她都没有跟随志摩北上。

王庚想拥有她，徐志摩想得到她的心，翁瑞午想占有她，可是他们，都没能得到一个完完整整的小曼。小曼虽然多才多艺，但是在那个时代，女人一生的事业仍然是嫁个好人家，嫁得好就是一个女人的成功。

在王庚的眼中，小曼是美艳的夫人，是那个城市的名媛千金，她能助自己爬上更高的位置；在徐志摩的眼中，小曼是一块璞玉，他想亲手雕琢，让她成才；在翁瑞午眼中，小曼是女人精华中的精华，她是那么的大放异彩、与众不同，他愿意为她付出一切。

小曼一生中最重要的三个男人陪她走过了最美丽的年华，见证了她的美丽与浮华。不论是在舞池中，还是戏院、烟榻上，她都是那么迷人。志摩在舞池中看见了这个翩翩起舞的女子，翁瑞午在烟榻上陪伴着这个女子。他们为她倾尽了一生，却是那样的无怨无悔。

小曼这样的女人注定是把温柔刀，世人在赞叹她美丽的同时却不敢靠近她，而靠近她的人，无一不被她的锋芒所刺痛。那些男人只看到了小曼外表的美丽不可方物，却没有看到她的全部，她的魅惑是一种致命的毒药，一旦沾染，便会难以自拔，不断挣扎。

社交场上，明亮的灯光下，她的美丽完全绽放出来，她的魅力被一点点放大。女人的魅力需要男人来证明的，陆小曼一直到老，她的家中也常有六七个男人与她聚会、谈天，男人们喜欢她，欣赏她，因为她不是传统意义上的女人，更不是外界传言的交际花，她是男人们的知己和朋友。男人们除了需要家中有贤惠的妻子外，更需要女人的理解，小曼就是善解人意、受欢迎的女人，她是他们的朋友，更是他们的知己。

5. 身后功与名

很多人都觉得，像陆小曼这种吸引了民国时期三个各具特色、玉树临风、富贵之家的男人的女人，该何等的美丽，何等的幸运。

她那傲娇中透露出的一点柔弱，柔弱中的一点刚强，刚强中的一点无奈，无奈导致的诸多堕落，无不让人惋惜。

提起陆小曼，人们往往想到的是徐志摩和林徽因，喜欢用她和林徽因相比较，相对而言，对她的唾弃更多一些。人们不理解，她已经嫁给心爱的志摩了，怎么可以和翁瑞午不清不楚，怎么可以那么奢靡无度，让志摩身陷囹圄。甚至有很多文人小报在谈及陆小曼时言语恶劣讽刺，有泼脏水之嫌疑。

陆小曼的确奢靡，可那是她嫁给徐志摩之前就已经存在的生活方式，试问：银行家的女儿会缺零花钱吗？后来她嫁给了王庚，王庚的收入颇丰，供得起她的吃穿用度、享乐奢侈，这是她的错吗？她的丈夫甚至以此为傲啊。后来嫁给志摩，虽然志摩家资丰厚，但那是老爷子的财产，和他们二人几乎没什么关系，志摩是个诗人，文人再辛苦也不过是赚个基本工资，可小曼的奢侈习惯还在，又哪是一时改得了的？

后来志摩死了，友人们纷纷悼念，悼念的同时不忘白陆小曼几眼，都觉得那是她的错，她没有辩解，而是把自己关在家里，专心整理志摩遗作，她甚至一度认为，自己如今的不幸都是上天对自己的惩罚。

过去大家一直说陆小曼是红颜祸水，其实只是因为大家太爱志摩了，总是要为志摩的死找个替罪羊，而小曼就成了这个角色。

陆小曼奢侈，但她从来只花自己男人的钱，陆小曼从不伪装，她随性而生，随性而活，从不说虚伪的话，不做虚伪的事。

不管世人如何不屑，都无法掩盖陆小曼的风采绝伦、才貌双全，以及她的真性情。她从不在意外界对自己如何评论，她只是按自己的方式活着，不为外界所动，她的坚韧和刚强不是普通女性能比拟的。在那个年代，女性的贞节、道德比什么都重要，她却无视之，只问本心。她就像一朵带刺的玫瑰，热烈、瑰丽，却又浑身长满尖刺，并非谁都能轻易靠近的。

很难说陆小曼嫁给徐志摩是幸还是不幸。认识徐志摩以前，陆小曼就已经是名动京城、享誉大江南北的才女，其名声之盛，更是被胡适先生誉为“北平不可不看的一道风景”。梁秋实曾经描写她是“面目也越发清秀端庄，朱唇皓齿。婀娜聘婷，在北平的大家闺秀中是数一数二的名姝。”

可见，即使没有徐志摩诗歌的衬托，即使没有诗人影响力的渲染，陆小曼从来都是光芒乍现，那种光芒是自带的，不用人刻意修饰的。

小曼上了年纪之后，苏雪林曾去拜访，在《徐志摩散文》中曾记载：“我记得她的脸色，白中泛青，头发也是蓬乱的，一口牙齿，脱落精光，也不另镶一副，牙龈也是黑黑的，可见毒瘾很深。不过病容虽这样憔悴，旧时风韵，依稀尚在，款接我们，也颇温和有礼。”可见，哪怕岁月流逝，她也并未被年轮压垮，总是透露出独特的韵味。

她与王庚的婚姻，轰动京师，国内、国外知名人士无数；她与志摩结婚之后，好莱坞更是汇来5000美元邀请她去拍电影。小曼家中的境况更是不用多说。很多人觉得陆小曼跳舞是堕落，吃穿用度费用高昂，就不配做志摩的妻子，却忘记了小曼自幼生活的富贵环境，她从来不用为衣食住行操心。这样出身的女子，旁人又怎能苛责她去体会生活的艰辛？体会贫困的棘突？徐志摩当初追求她的时候就知道她是个被捧在手心里的女子，是用来呵护的，所以后来小曼奢侈无度，一度有人劝他离婚，但他自己并未放弃过，他懂小曼，只是有些负担不起。

陆小曼出生的那个年代，名媛、交际花并非普通女子能做到的，所以每次看到有人用“交际花”三个字来嘲讽她不禁哗然。陆小曼出身官宦，其家世与才学和林徽因不相上下，陆氏家族本就是名门望族，自春秋开始就声名显赫，从祖上开始就是书香传承，个个声名显赫。

陆小曼虽然不是传统的美女，可却是民国时期的典范，是那个时代真实的精神反映。陆小曼太过炫目，在北平那个名流权贵汇聚的城市，她的举动成了那个时代流行和时尚的代名词。社交界因为有她而变得惊艳，无论男人还是女人，都会被她的风姿所倾倒。就连徐志摩的前妻张幼仪回忆第一次见陆小曼的时候都说：“吃饭的时候，我看到陆小曼的确长得很美，她有一头柔柔的秀发，一对大大的媚眼。”

其实陆小曼，最多不过是生错了年代，如果她生在现代，无疑是一个有勇气、毫不掩饰、敢于追求自己幸福的女子。小曼的不幸在于在那个年代，不是贤妻良母就是罪，觉得她不该追求自己个体生命的自由，只顾自身感受和生活，觉得她违背了社会给妇女规定的女性角色。所以都说她不是个好女人。

但是不管后世如何评判于她，她都是那个年代不可忽视的一道靓丽的风景。究竟是功是过，早已无法评判。